HUMAN CODE

"인간을 이해하는 새로운 시작"

Code 명: 느린 나무

직업: 철학자

나이: 58세

키: 162

혈액형: O형

Human Code: EAE (Earth Energy, 땅의음인)

"Human Code"는 인간을 세 종류로 나누어 주는 새로운 시각으로
다음과 같다.

* WAE-물의음인
* EAE-땅의음인
* WIE-바람양인

우리가 지금까지 사용해온 분류들이
이름, 성별, 국적, 직업, 나이, 키, 혈액형 .... 등
"당신은 누구인가?"에 대한 기록이었다면

휴먼코드는
"당신은 어떤 사람인가?"

에 대한 새로운 진리이며
이것이 인간을 이해하는 새로운 시작이 될 수 있기를 바라며
이 책을 쓴다.
휴먼코드는 태어날 때 결정지어지는 것으로
하나의 인간은
모두 하나의 휴먼코드를 갖고 태어나게 되며
이는 죽을 때까지 불변이다.

"휴먼코드가 없는 인간은 없으며,
  휴먼코드가 두 개인 인간도 없고,
  휴먼코드가 바뀌는 인간도 없다."

당신의 휴먼코드가

당신의 어머니가 당신을 데려가 눕힐 침대방의 온도를 결정할 때
당신의 어머니가 당신에게 먹일 좋은 음식을 결정할 때

당신이 진로를 결정할 때
당신이 멋을 내고, 다이어트 하고, 취미를 결정할 때
당신이 배우자를 선택할 때
당신이 당신의 배우자와 자녀들을 이해할 때
당신이 자신의 한계에 부딪혀 좌절할 때까지

당신의 평생을 통해서
당신이 당신 스스로를 이해하고,
그리고
당신이 만나게 될 수많은 친구, 선생님, 선·후배들이
당신을 이해할 수 있게 해줄
새로운 진리가 될 수 있기를 바란다.

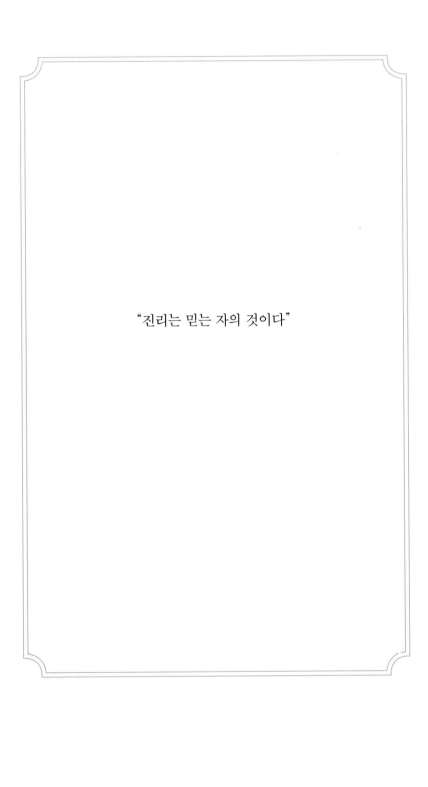

"진리는 믿는 자의 것이다"

서 문

"휴먼코드"는 그 사람을 가장 그 사람답게 파악할 수 있는
정보를 주는 코드이다.

1916년, 세상에서 가장 유명한 독일태생의 물리학자
아인슈타인은 일반상대성이론을 발표 후 참으로 뻔뻔스러운데
용감하기까지 한 괴짜 취급을 받다가 영국의 천문학자 에딩튼이
아인슈타인의 일반 상대성 이론의 가설을 증명해냄으로써 비로소
인정받을 수 있게 되었다.

그런 맥락에서 볼 때
나에게는 철학인 휴먼코드가
아마도 가까운 미래에는
'모두가 믿을 수 있는 새로운 과학적 진리로 거듭 태어날지도
모르겠다.'
그리고 만약에 그런 날이 진짜로 오게 되어 우리의 신생아들 손목
팔찌에
"성별과 혈액형과 휴먼코드"가 함께 적히게 되는 그런 날이 온다면
나의 휴먼코드는 그 소명을 다한 것이다.

나의 휴먼코드는

"그 사람을 가장 그 사람답게 파악할 수 있는 정보를 주는 코드"

로서 사용 되어지는 것이 가장 바람직하다.

그렇기 때문에 당신이 어떤 철학적 사고의 목적만으로 나와의 토론을 원한다면 나는 거절한다.

그러나 당신이 나의 이론을 시험하고 검증해서 '숫자로 표시'하기 위해서 나의 조언이 필요하다면 기꺼이 도와줄 용의가 있다.

그러나 만약에 당신이 나를 필요로 할 때

내가 없더라도 당신은 낙담할 필요 없다.

생각해보라 앨런 튜닝이 없이도 인류는 모두의 손바닥에

그는 상상조차 할 수 없었던 컴퓨터를 들고 다니지 않는가.

2020년 11월 20일 새벽

마지막 원고를 정리하면서

감사의 글

천재는 노력하는 자를 이길 수 없고 노력하는 자는 즐기는 자를 이 길 수 없다는 말이 있다.

그런 맥락에서 이 책은 최대한 쉽고 재미있게 쓰기 위해 노력했다. 그리고 이러한 나의 노력이 가능할 수 있었던 것은 모두 사랑하는 나의 가족들 덕분이기에 이 자리를 빌려서 감사의 마음을 전한다.

우선 십여 년 전 내가 처음으로, 내 철학을 재미 삼아 이야기하던 시절, 초, 중, 고등학생의 어린이들이었기에 누구보다도 솔직하고 호기심 어린 질문과 가차 없는 질문을 함으로써,
자칫 한 곳으로만 너무 깊게 갈 수도 있었을 나를
좀 더 근본적이고 폭넓은 생각들 앞에서 서성이게 함으로써,
내가
나의 철학을 완성하는 데에 많은 기여를 한

휴먼코드 WAE (물의음인) 낭만 바다 파, 나의 아들 희재
휴먼코드 WIE (바람양인) 뜨거운 얼음 파, 나의 조카 윤서
휴먼코드 WAE (물의음인) 한강 파, 나의 조카 예나
에게 감사한다.

그리고 십여 년의 긴 시간 동안 언제나 나의 이야기를 재미있게 들어줌으로써 무언의 지지를 보내준

휴먼코드 WAE (물의음인) 깊은 바다 파, 나의 동생 봉균
휴먼코드 EAE (땅의음인) 안개꽃 파, 나의 올케 수정
에게 감사한다.

그리고 그와 결혼한 지난 27년간 단 한 순간도 '외롭다'라는 감정을 느껴보지 못할 만큼 자상했으며, 이 책을 집필하는 내내 내게 최대한 많은 시간을 주기 위해 온 정성을 쏟아준

휴먼코드 WAE (물의음인) 깊은 바다 파, 나의 남편 용문
에게 감사한다.

마지막으로, 이렇게 위대한 생각은 세상에 널리 널리 알려야 한다며 내게 책 쓰기를 권유했고, 강요했고, 급기야는 협박까지 함으로써 결국에는 이 책이 세상에 나오게까지 만든
내 영혼의 동반자

휴먼코드 WIE (바람양인) 불꽃 바람 파, 나의 언니 봉심
에게 감사한다.

지난 58년을 살아오는 동안 가장 많은 이야기를 나누었으며
앞으로 살아가는 동안에도 가장 많은 이야기를 나눌 것이고
이 세상에서 나를 움직이게 할 수 있으며
나를 혼낼 수 있는 유일한 사람

밤하늘의 불꽃처럼
요란하면서도
화려해서
한 번 보면
절대로 잊혀지지 않을 만큼 강렬하게 각인되는
아름다움을 가진
나의 언니의 60번째 생일 선물로

나의 책 "Human Code"를 바친다.

목 차

* 형태

* 움직임

* 기의 크기

　　A 물의 기는: 반드시 다른 물과 합쳐진다
　　　✠ 자신을 버리면서까지도 다른 것을 받아들인다
　　　✠ 자신을 오염되게 하는 원인이 된다

　　B 땅의 기는: 절대로 다른 땅의 기와 합쳐지지 않는다
　　　✠ 다른 것을 쉽게 받아들이지 않는다
　　　✠ 다른 것을 받아들일 때도
　　　　필요한 만큼만 받아들인다

* 형태와 체형

    ✠ 모든 체질들 중에서 가장 동그랗다

    ✠ 자세히 보면 '물고기'처럼 보여지는 물의음인의 외모

* 움직임과 부지런함

    ✠ 부지런한 물이 갖는 맑음은 아름답다

    ✠ 부지런함이 유발하는 조급함

* 기의 크기에서 유래하는 물의음인의 본성과 특징

    A 물의 기는 '양이 많아질수록'

       힘도 커지고 기도 커진다

       ✠ 다른물과 합쳐지기를 좋아하기 때문에

          떼로 몰려다니는 것을 좋아한다

       ✠ 양이 많아질수록 힘이 커지기 때문에

          살이 잘 찌고,

          큰 조직의 일원이 되는 것을 좋아한다

    B 물의 기는 자신을 버리면서까지도

       다른 것을 받아들인다

* 형태와 체형

✠ 모든 체질들 중에서 가장 하체가 튼튼하다

✠ 자세히 보면 '나무'처럼 보여지는 땅의음인의 외모

* 움직임과 느림

✠ 느린 것이 주는 편안함은 아름답다

✠ 느림이 유발하는 절대적 끈질김

* 기의 크기에서 유래하는 땅의음인의 본성과 특징

✠ 땅의 기의 크기는 단단할수록 커진다

✠ 땅의 기는 다른 것을 쉽게 받아들이지 않는다

* 형태와 체형

   ✖ 모든 체질들 중에서 가장 팔 힘이 좋다

   ✖ 자세히 보면 '새'처럼 보여지는 바람양인의 외모

* 움직임과 빠름

   "빠른 것이 주는 자유로움은 아름답다."

* 기의 "종류"에서 유래하는 바람양인의 본성과 특징

  A 시원한 바람이 많은 바람양인의 본성과 특징

   ✖ 땅의 기를 많이 가지고 있는 바람양인의
    본성과 특징

   ✖ 물의 기를 많이 가지고 있는 바람양인의
    본성과 특징

  B 소리 바람이 많은 바람양인의 본성과 특징

* 물의음인
* 땅의음인
* 바람양인
* 태양양인은 없다
  ✛ 인간의 몸은 '물의 음기'와 '땅의 음기'로
    구성되어있다
  ✛ '물의 음기'는 '바람 양기'를 좋아하고
    '땅의 음기'는 '태양 양기'를 좋아한다
  ✛ '바람 양기'와 '태양 양기'는 서로 만나면
    반드시 싸운다
  ✛ '물의 음기' 입장에서 보면 '태양 양기'는
    무작정 다 받아들일 수가 없는 '기'이다

* 물의음인 남자　"깊은 바다 파"
　　　　　　　 한국: 공유 (한국 – 탤런트, 영화배우)
　　　　　　　 서양: 브래드 피트 (미국 – 영화배우)

* 물의음인 남자　"낭만 바다 파"
　　　　　　　 한국: 정우성 (한국 – 영화배우, 탤런트)
　　　　　　　 서양: 버락 오바마 (미국 – 정치인)

* 물의음인 남자　"시냇물 파"
　　　　　　　 한국: 박보검 (한국 – 영화배우, 탤런트)
　　　　　　　 서양: 라이언 고슬링 (캐나다 – 영화배우)

* 물의음인 여자 "한강 파"

　　　　　　　한국: 박신혜 (한국 – 탤런트, 영화배우)

　　　　　　　서양: 앤 해서웨이 (미국 – 영화배우)

* 물의음인 여자 "청순 구름 파"

　　　　　　　한국: 이영애 (한국 – 영화배우, 탤런트)

　　　　　　　서양: 니콜 키드먼 (미국 – 영화배우)

* 물의음인 여자 "담대한 사랑 파"

　　　　　　　한국: 박세리 (한국 – 전 골프선수)

　　　　　　　서양: 오프라 윈프리 (미국 – 방송인)

* 땅의음인 남자 "4월 벚꽃 파"

　　　　　　　　한국: 현빈 (한국 - 영화배우, 탤런트)

　　　　　　　　서양: 티모시 살라메 (미국 - 영화배우)

* 땅의음인 남자 "대나무 파"

　　　　　　　　한국: 박서준 (한국 - 탤런트, 영화배우)

　　　　　　　　서양: 퍼렐 윌리엄스 (미국 - 가수)

* 땅의음인 여자 "목화솜 파"

　　　　　　　　한국: 최지우 (한국 - 영화배우, 탤런트)

　　　　　　　　서양: 기네스 펠트로 (미국 - 영화배우)

* 땅의음인 여자 "안개꽃 파"

　　　　　　　　한국: 이요원 (한국 - 영화배우, 탤런트)

* 바람양인 남자 "혁명 바람 파"
　　　　　　　　한국: 이병헌 (한국 – 영화배우, 탤런트)
　　　　　　　　서양: 블라디미르 푸틴 (러시아 – 정치인)

* 바람양인 남자 "위대한 소리 파"
　　　　　　　　한국: 강호동 (한국 – MC, 개그맨)
　　　　　　　　서양: 루치아노 파바로티 (이탈리아 – 성악가)

* 바람양인 여자 "불꽃 바람 파"
　　　　　　　　한국: 전지현 (한국 – 영화배우)
　　　　　　　　서양: 안젤리나 졸리 (미국 – 영화배우, 영화감독)

* 바람양인 여자 "뜨거운 얼음 파"
　　　　　　　　한국: 제니(블랙 핑크) (한국 – 가수)
　　　　　　　　서양: 지지 하디드 (미국 – 모델)

* 바람양인 여자 "첫눈 바람 파"
　　　　　　　　한국: 김희애 (한국 – 탤런트, 영화배우)
　　　　　　　　서양: 메릴 스트립 (미국 – 영화배우)

1부 총론

휴먼코드란?

제1장 프롤로그

우리가 누군가를 진정으로
그리고 '현명하게'
사랑하고 싶다면

내가 사랑하는 그 사람의
'휴먼코드'를 반드시 알아야 한다.

이것은 내가 사랑하는
그 사람이
여자인지, 남자인지
아는 것만큼이나
중요한 일이다.

‘휴먼코드’란

그 사람을 가장 그 사람답게 파악할 수 있는 정보를 주는

“코드”로써

휴먼코드가 우리에게 줄 수 있는 정보란

그 사람의 성격, 체질적 특성, 외모적 특성, 습관, 취향 ..... 등을

말하는 것으로,

우리가 일반적으로

“그 사람은 어떤 사람인가?”

라는 판단을 할 때 생각하게 되는 모든 것을 의미한다.

일반적으로 우리가 누군가에게
그 사람은 "누구야?"와
그 사람은 "어떤 사람이야?"라고 물었을 때
듣게 될 수 있는 대답을 추측해보자면 아마도 이럴 것이다.

너희 부서에 과장님 새로 오셨다며?
"누구야?"에 대한 답이
'남자야, 서울대학교 나왔고 약사래' 정도라면

"어떤 사람이야?"에 대한 답은
'성격이 좋고 잘 먹는 편이고 목소리가 좋더라.'
정도가 될 것이다.

그리고 이 두 가지 질문에서 우리가 매우 중요하게 생각해야 할 점
은 우리가 "누구야?"에 대한 대답을 할 때는

현재 우리가, 우리 스스로를 분류하고 '표기'하는

성별, 국적, 나이, 직업... 등이 제공하는 정보를 기준으로 한 사실

만을 말함으로써,

대답하는 사람이나 듣는 사람 모두 '그 대답'이

'그 사람에 대한'

"객관적 진실"이라고 믿기에 충분하다는 점이다.

하지만 "어떤 사람이야?"에 대한 대답을 할 때는

'성격이 좋고, 잘 먹는 편이고 목소리가 좋더라.'와 같이

대답하는 사람의 일방적 추측이나 기호에 근거하는 경우가

대부분으로,

우리가 이 대답만으로 그 사람에 대해서 알 수 있는 것은 사실

아무것도 없다.

이 대답만 가지고는 '그 사람'이

성격이 얌전한 사람인지, 아니면 쾌활한 사람인지, 고기를 잘 먹는

사람인지, 아니면 국수를 잘 먹는 사람인지 목소리는 중저음인지,

아니면 굵은 목소리인지 알 수 없기 때문이다.

그러니까 사실 "어떤 사람이야?"에 대한 대답으로는

'성격이 쾌활하고, 고기를 잘 먹는 편이고, 목소리는 중저음에 굵은

편이다' 이런 식의 대답이 좀 더 객관적이라고 볼 수 있는 것이다.

그러나 지금까지 대부분의 사람들은
"그 사람이 어떤 사람인지"를 판단할 때에 있어서는
그 사람을 "객관적으로 바라보기"보다는
그 사람의
"어떤 점이 내 마음에 드나, 안 드나 위주로" 생각을 했다.
그렇기 때문에
"어떤 사람이야?"에 대한 질문에는
'~~ 가 좋더라.' '별로더라.' '괜찮아 보이더라.'
'못돼 보이더라.'
식의 황당한 대답을 하기 일쑤인데

생각해보라,
"그 사람 어떤 사람이야?" 하고 물어봤는데
왜 자기 생각을 말하나?

그리고 질문한 사람도 그렇다.
당신은 왜 '그 사람'을 만나보지도 않고 그저 대답한 사람이 하는 말만
듣고 '그 사람'이 좋은 사람이거나 혹은 별로인 사람이라고
생각하는가?
당신은 정말로 당신에게 대답해준 사람과 완벽하게 같은 생각을
갖고 있는 사람이라는 말인가?

그렇다면 왜 요즘처럼 정보를 중요하게 여기고, 그토록 따지기를
좋아하는 인류가 "그 사람은 어떤 사람인가?"라는 질문에는 그토록
어이없는 대답을 하며 또
그 어이없는 대답을 아무 비판 없이 받아들이는가?

그에 대한 이유는 아마 다음의 두 가지로 요약할 수 있을 것 같다.

첫째, 우리는 지금까지 누군가를 판단함에 있어서
　　　"그 사람이 누구인지"를 나타내주는 정보들
　　　그러니까 그 사람의 성별, 나이, 학벌, 직업, 집안, 경제력...
　　　등이
　　　그 사람에 대한 '모든 것'이라고 생각했기 때문이다.
　　　그렇기 때문에 우리는 "그 사람이 누구인지"에
　　　대해서는 매우 관심이 많고 까다롭게 구는 반면에
　　　"그 사람이 어떤 사람인지"에 대해서는 별로 관심도 없고
　　　너그럽게(?) 구는 것이다.

둘째, 오늘날 거의 대부분의 사람들은 일생 동안
　　　"그 사람은 어떤 사람인가?"라는 질문은 고사하고
　　　"나는 어떤 사람인가?"라는 질문조차도 안 하고 살기
　　　때문이다.

그렇다면 우리는 왜?

나 또는 그 사람을 파악하는데 있어서 너무나도 중요한

"나 또는 그 사람은 어떤 사람인가?"라는 질문에는 그토록 어리석은

대답들만을 하며 살아온 것일까?

사실 곰곰이 생각해보면 그 질문은 절대로 어려운 질문이 아닌데도 말이다.

그 이유는 아마도

우리가 "나는 어떤 사람인가?"라는 질문과

철학적 질문인

"나는 어떤 생각을 하는 사람인가?"라는 질문을

'다른 질문'이라고 생각하지 못하고

'같은 질문'이라고 혼동을 하는 데에서부터 시작되었을 것이라고

나는 확신한다.

* "나는 어떤 사람인가?"와 "나는 어떤 생각을 하는 사람인가?"의 차이점과 중요성

"나는 어떤 사람인가?"라는 질문과
"나는 어떤 생각을 하는 사람인가?"라는 질문은
분명히 다른 것으로,
이 두 가지 질문이 지금부터라도 구분되어져야 하며
반드시 다르게 쓰여야 할 이유는 다음과 같다.

첫째,
"나는 어떤 생각을 하는 사람인가?"라는 질문은
나의 철학적 사고를 필요로 하는 철학적 질문이다.

예를 들어,
"당신은 어떤 생각을 하는 사람인가?"라는 생각에 해당할 것 같은
질문을 추측해보자면,
아마도 이런 것들이 있을 수 있을 것이다.

"당신의 꿈은 무엇입니까?"

"당신은 민주주의에 대해서 어떻게 생각하십니까?"

"당신은 사랑에 대해서 어떻게 생각하십니까?"

....

그리고 이 질문들에 대한 대답은 결국

당신만의 고유의 생각으로,

당신의 생각을

'다른 사람들과 비교해서 생각하는 것'

자체가 무의미하며,

그리고 무엇보다도 중요한 사실은

"나는 어떤 생각을 하는 사람인가?"에 해당하는 대답들의 거의

대부분은

'측정 불가능한 것'들에 관한 것이라는 점이다.

둘째,

"나는 어떤 사람인가?"는

'나'라는 사람의 체질적 특성이나 특징 등에 관한 질문으로

이 질문에 대한 대답의 핵심은

'나'라는 사람에 대한

'정보의 제공'에 있다고 보는 것이 타당하다.

예를 들어,

내가 당신에게

"당신은 어떤 사람인가요?" 하고 물었다면

그에 대한 답으로는

"나는 물을 적게 마시고, 단것을 좋아하고, 잠이 많고,

사교성이 부족하고, 추운 것은 절대 못 참는다."

정도가 타당한 것이다.

그렇다면 이쯤에서 우리에게는 한 가지 의문이 생길 수밖에 없는데,

그것은 위에서 얘기한

물을 적게 마시고, 단것을 좋아하고, 잠이 많다 등의 특징들이,

'정보'로써의 구실을 할 수 있을까? 하는 점이다.

정보란,

적어도 내가 얻은 그 정보가

객관적 사실에 입각한 진실일 때

가치가 있을 수 있는 것이기 때문이다.

그런 관점에서 볼 때 물을 적게 마시고, 단것을 좋아하고, 잠이 많다 등의 특징들이란 것이, 매우 본인 취향 적이며 객관적이지 못한 평가라는 생각이 들 수도 있다.

그러나 물을 적게 마시고, 단것을 좋아하고, 잠이 많다는 것은

"그 사람의 생각이 그렇다는 것이 아니라
그 사람의 행동이 그렇다는 것으로"

생각은 비교할 수 없는 것이나
행동은 비교할 수 있는 것이며

생각은 측정할 수 없는 것이나
행동은 측정할 수 있는 것이기 때문에
우리는
'나'라는 사람에 대한
'정보의 제공'에 해당하는
체질적 특성이나 특징들에 대해서
다음과 같이 생각해봄으로써,
그것들이 객관적 측정에 입각한 사실로 증명됨을 확인해볼 수 있다.

1. 다른 사람과 비교해서 생각해 볼 수 있다.
   나는 너보다 물을 적게 마시고, 너보다 단것을 좋아한다, 정도로
   비교해서 생각해볼 수 있다.

2. '측정 가능한 것'들에 관한 것이다.
   만약에 천 명의 실험자를 일 년 동안 관찰하고 측정할 수 있다면,
   우리는 얼마든지 다음과 같은 데이터를 얻을 수 있을 것이다.

- ♦ 물을 마시는 양을 기준으로 세 그룹
- ♦ 잠자는 시간을 기준으로 세 그룹
- ♦ 추운 것을 잘 참는 기준으로 세 그룹
- ♦ 더운 것을 잘 참는 기준으로 세 그룹
- ♦ 땀을 흘리는 양을 기준으로 세 그룹
- ♦ 단맛을 좋아하는 기준으로 세 그룹
- ♦ 의지력이 강한 것을 기준으로 세 그룹

    ....

이 외에도 우리가 "나는 어떤 사람인가?"라고
나 스스로를 생각할 때 체크되어야 할
체질적 특성이나 특징들은 사실 얼마든지
관찰하고 측정 되어질 수 있는 것들이다.
그리고 그 관찰과 측정의 방법이 과학적이었다면 그 결과는
객관적 사실에 입각한 진실로써의 가치가 있게 되는 것이다.

* 휴먼코드를 통한 "나는 어떤 사람인가?"에 대한 개념 정립과 그 중요성

휴먼코드는
"한 사람의 본질을 하나의 단어로 정의해줄 수 있는 새로운 진리"
로써

"그 사람을 가장 그 사람답게 파악할 수 있는 정보를 주는 것"
이라고 말할 수 있겠다.

예를 들어서 지금까지는 내가 독자들에게 내 소개를 할 때
"여자, 58세, 키 162cm, 서울대학교 졸업, 직업 철학자"
정도의 소개가 일반적이라고 보았다면

앞으로의 소개에는
"여자, 58세, 키 162cm, 서울대학교 졸업, 직업 철학자,
휴먼코드 EAE(땅의음인) 목화솜 파"
정도의 소개가 일반화되어진다면
독자들은 나를 만나보지 않고도 내가

"물은 적게 마시고, 단것을 좋아하고, 눈물이 많고, 잠이 많고,
사교성이 부족하고, 아마도 날씬하고, 추운 것은 절대 못 참는 사람"
이라는 사실을 추측할 수 있게 되는 것이다.

이처럼 휴먼코드는
우리가 일생을 살면서 만나게 될 수많은
'어떤 사람'들에게

'나'라는 사람을 파악하는데 있어서
매우 객관적이고도 유용한 정보를 제공하게 됨으로써

다른 사람들이 '나'라는 사람을 만날 때
쓸데없는 오해나 편견 없이
최대한 객관적인 시선으로 바라볼 수 있게 해주고

나 자신에게는 스스로에게 가졌던 실망과 자괴감에 대한
해답을 찾을 수 있게 해줄 것이며,
자신이 제일 잘할 수 있는 일을 추측할 수 있게 해줄 것이며,
자신에게 가장 잘 어울리는 이성을 추측할 수 있게도 해줄 것이다.

***

어린 시절 나는 늦게까지 오줌을 싸는 아이였는데, 그 사실은 내 인생 최초로 나 스스로를 자괴감에 빠지게 하였으며, 자기 전에는 '오늘 밤에는 제발 오줌을 싸지 않게 해주세요.'라며 밤마다 기도를 하고 잤는데 지금까지도 그때처럼 간절하게 기도를 해본 적이 없을 정도로 어린 나에게는 그 일이 절실한 일이었다.

또한 내 인생을 통틀어서 한 기도 중에서, 가장 절실한 기도가 '오줌을 안 싸게 해주세요.'였다면 가장 긴 시간 동안 한 기도는 '잠'에 관한 것으로, 다른 사람들에 비해 유난히 잠이 많은 나는 학창시절 내내 '제발 잠을 조금만 자도 안 졸리게 해주세요.'라고 빌었으나 그런 일은 결코 내 인생에서 일어나지 않았다.

내가 겪어야 했던 이 두 가지 불행은
휴먼코드 EAE(땅의음인)들에게는 가장 흔히 나타나는 체질적 특징들 중의 일부로,
아무리 간절했다고는 하나 어린아이의 의지력이나 기도로는 절대로 극복할 수 없는 문제들이다.

그리고 지금 나는 가끔씩 이런 생각을 하곤 한다.
"만약에 어린 날의 나에게 누군가 이렇게 말해주는 사람이 있었더라면 얼마나 좋았을까?"

네가 다른 아이들보다 늦게까지 오줌을 싸는 것은 네가 못나거나 바보 같아서 그런 것이 아니라, 네가 체질적으로 다른 아이들에 비해서 발육이 늦은 편이고 집중력을 매우 좋게 타고 태어났기 때문으로 잠을 잘 때조차도 매우 열심히 깊게 자는 체질적 특성 때문이다. 하지만 발육이 늦은 것은 시간이 지나면 다 똑같아지는 것으로 절대로 걱정할 일이 아니나, 집중력이 좋은 것은 시간이 지날수록 점점 더 필요해지는 것으로 너는 학년이 올라갈수록 공부를 점점 더 잘하게 될 것이니 절대 지금의 상황을 부끄러워하거나 속상해할 일이 아니다.

또한 네가 잠이 많게 태어난 것도 너의 체질적 특성으로
그것이 공부를 하는 동안에는 너를 힘들게 할 수 있겠으나
그 대신 너는 남들보다 식욕을 적게 타고 태어났기 때문에
앞으로 네가 살아가는 동안 네가 잠 때문에 힘들었던 시간들보다
훨씬 더 많은 시간들을,
남들이 너의 날씬한 몸을 부러워하는 삶을 살게 될 것이니
지금 잠깐 힘들다고 해서 너무 억울하다 생각할 일이 아니다.

아무리 생각해도 속상하다 못해 억울한 일이다.

내가 진작
내가 이런 사람이라는 것을 알았더라면 얼마나 좋았을까?
정말이지 얼마나 좋았을까? ....

▎내 인생의 답안지

이처럼 휴먼코드는 한 사람의 본질에서 유래되는
'체질적 특성에 대한 정보를' 미리 알 수 있게 해줌으로써

한 사람이, 자신의 의지력으로는 극복하기 힘든 일을 미리 알 수 있게
해주고, 자신이 제일 잘할 수 있는 일을 추측할 수 있게 해줌으로써
그 사람이 행복한 삶을 살 수 있도록 도와주는 일종의
"내 인생의 답안지" 같은 것이라 생각하면 적당할 듯싶다.

"내 인생의 답안지"
참으로 멋지고 든든한 말이다.
우리가 인생을 사는 동안 수없이 해야만 하는 그 말

'나는 도대체 왜 이러는 거야?'

'나도 내가 왜 이러는지 잘 모르겠어.'
에 대한 답이 나의 휴먼코드에 있다면,
우리가 살아가는 동안 만나게 될 어떤 어려운 문제도
두려워할 필요가 없다.

"답을 다 알고 있는데 두려울 것이 무엇인가?"

* 우리의 행복과 불행을 결정짓는
"너는 도대체 왜 그러는 거야?"

우리 인류가 가장 명심해야 할 점은

"너는 도대체 왜 그러는 거야?"에 대한 답은 반드시

"너"에게서 찾아야 한다는 것이다.

"너"가 왜 그러는 것이니까 그에 대한 정답은 반드시

"너"에게서만 찾을 수 있는 것이 맞다.

그러나 이 너무도 당연하고 중요한 진리를 무시하고

"너"가 왜 그러는지에 대한 답을

엉뚱한 곳에서 찾았다면 그 답은 당연히

'오답'이고 '착각'일 수밖에 없다.

그리고 이 착각과 오답은

우리가 인생을 살면서 내릴 수 있는 모든 착각과 오답 중에서

가장 최악의 착각이고

가장 최악의 오답이다.

왜냐하면 이 의문이 갖고 있는 힘은 참으로 대단해서
우리는 사실
나의 친구, 동료, 직장상사 등 나와 어떤 관계에 있는
"그 사람이 도대체 왜 그러는지?"에 따라서는
우리의 기분이 좋아지거나 나빠질 수 있으며

나의 가족 또는 사랑하는 사람들의
"너는 도대체 왜 그러는 거야?"에 따라서는

'우리의 행복과 불행이 결정지어 질만큼' 중요하기 때문에
그것이 절대로 내가 엉뚱한 곳에서 찾아낸 오답이나 나의
착각으로 대체할 만한 성질의 의문이 아니기 때문이다.

그러나 불행하게도 지금까지의 우리들 모두는
내가 사랑하는 그 사람을 비롯한 다른 사람들이
"도대체 왜 그러는지?"에 대해서는
도무지 알 길이 없었다.

왜냐하면 애석하게도 지금까지 대부분의 우리들은
나 스스로도
"나는 어떤 사람인가?"에 대해서 구체적으로 생각해본 적이
없을 뿐 아니라,

다른 사람들이

"당신은 왜 그런 사람인가?"라고 물어보는 것 자체에도

대답하기 싫은 경우가 더 많았기 때문인데

그도 그럴 것이 곰곰이 생각해보면 지금까지 우리가

누군가에게

"당신은 왜 그런 사람인가?"라고 물어본 것의 대부분은

그 사람의 어떤 점이 마음에 안 든다고 생각할 때가

대부분으로

예를 들면, '아빠는 왜 그렇게 무뚝뚝해?' 또는

'당신은 왜 그렇게 고집이 세?'라고는 물어보면서

'아빠는 왜 그렇게 자상해?' 또는

'당신은 왜 그렇게 이해심이 많아?'라고는 물어본 적이 별로

없었던 것이 사실이다.

게다가 우리가 물어본

'아빠는 왜 그렇게 무뚝뚝해?'라는 질문에는

'아빠는 도대체 왜 그렇게 무뚝뚝한 사람인 거야?'라는

궁금증보다는

'나는 아빠가 그렇게 무뚝뚝한 사람인 것이 싫으니 아빠가

나를 사랑한다면 아빠의 그 무뚝뚝한 성격을 좀 고쳐줘'

라는 무언의 강요가 더 많이 포함되어 있었기 때문이다.

그러니 그 질문을 받는 아빠 입장에서는 그 질문이 달가울 리가 없다.

게다가 대부분의 아빠들은 자신이 무뚝뚝한 사람이라고 생각하지 않는

경우가 더 많을 뿐 아니라 설사 아빠가 자신을 그렇게 생각한다고

하더라도 당신이 바라는 일은 당신의 말 한 마디에 그렇게 쉽게

일어날 수 있는 일이 아니다.

왜냐하면 사람이 자신의 성격을 바꾼다는 것은 절대로 쉬운 일이

아니기 때문이다.

그러나 이렇게 사소한 듯 보여지는 질문과 무심한 반응이

반복되어질 때,

우리들이 내리는 어리석은 결론이 바로

"아빠는 이제 나랑 얘기하기를 싫어할 뿐 아니라

더 이상 나를 사랑하지도 않는구나."이다.

참으로 어리석은 '오답'이고

어처구니없는 '착각'이며

사랑에 대한 '의심'이다.

사랑에 대한 '의심'

이 세상에

이것만큼 무서운 것은 없다.

왜냐하면 그것은 우리가 평생을
'그토록 노력하고 간절히 원하고 공들여서 겨우 얻은'
"행복"을
한 방에 날려버릴 만큼 강력한 힘을 갖고 있기 때문이다.

***

나는 정말 우리 모두에게 묻고 싶다.
'우리는 도대체 왜 그 사소한 질문에 우리의 행복을 거나?'
'당신은 왜 아빠의 대답을 끝까지 기다려주지 못하나?'

그리고 또 묻고 싶다.
"당신은 진정으로 무뚝뚝한 것은 나쁜 것이고
  자상한 것은 좋은 것이라고 생각하나?"

그래서 당신은 진정으로,
당신의 아빠가 당신과 가족들의 행복을 위해서
하루도 빠짐없이 자신의 목숨을 걸고 백 층 빌딩 창밖에
매달려서 기꺼이 창문을 닦는 사람임에도 불구하고
당신의 아빠를 나쁜 사람이라고 생각하는가?

"질대로 그럴 리가 없지 않은가?"

휴먼코드적 입장에서 보면
한 사람의 성격이나 체질적 특성은
그 사람이 가지고 있는 고유의 '기'에서 유래하는 깃으로
이것은 좋다, 나쁘다의 의미로 보아서도 안 되며
또한 본인의 의지로 바꿀 수 있는 것은 더더욱 아니다.

예를 들면, 우리가 아빠를 생각할 때
아빠는 남자이어서 확실히 엄마에 비해서 정리정돈을 못한다고 치자
이럴 때 대부분의 엄마들은 아빠가 자신보다 정리정돈을 더 잘해
주기를 원하지 않는다. 왜?
원래 남자라는 사람은 여자보다는 정리정돈을 못 하는 대신
힘이 세니까.
그렇다면 이 경우에 우리는 과연 이런 생각을 하는가?

아빠는 정리정돈을 못 하는 사람이니까 나쁜 사람이고
엄마는 힘이 없으니까 나쁜 사람이라고?

"절대로 그럴 리가 없지 않은가?"

이처럼 휴먼코드를 통해서
우리가 가장 깨달아야 할 것은

우리의 행복과 불행을 결정짓는
"너는 도대체 왜 그러는 거야?"에 대한 답은
반드시 너의 휴먼코드에서 찾아야 한다는 것이다.

우리가 서로 사랑하는 사이일지라도
만약에 각자의 휴먼코드가 다르다면
각자의 기가 다르기 때문에
각자가 좋아하는 것이나 중요하게 생각하는 것이
'매우 많이' 다를 수 있다는 것을 이해하고
인정해야 한다는 것이다.

그러니 설령 우리가 서로 사랑하는 사이라고 하더라도
당신의 입장에서
그 사람의 심정을 진정으로 공감할 수 있다고
착각하지 마라.

진정한 공감이란 그 사람과 같은 입장 또는 같은 위치일 때
조차도 완벽하게 일치하기란 어려운 감정이다.

그 사람과 같은 감정 상태를 갖는 것과
그 사람을 있는 그대로 이해해주는 것은 분명히 다른 것이다.

그것은 노인들이

하루 종일 소리 지르고 뛰어놀기를 좋아하는 어린아이들을 이해할

수는 있으나

아이들과 같이 소리 지르고 뛰어놀 수는 없는 것과도 같은 일이다.

지금까지 우리 인류가 겪은 불행의 90%는 모두 이런 식의

오해에서부터 비롯된 것이다.

사랑하는 사람들끼리는

서로 좋아하는 것도 같고 싫어하는 것도 같아야 한다는

'오해'

'착각'

'강요'

그리고 그것들이 만들어낸 내 사랑에 대한

'의심'

"그 사람이 어떤 사람인지?"도 모르면서

그 사람과의

완벽한 사랑을

꿈꾸는 것은

우리의

오만이고 착각이다.

제1장 에필로그

물이 火(불)를 만나면
물은 다 날아가 버린다.

물은 스스로 흐를 때
가장 아름답고
힘이 있다.

사람의 마음이
또한

물과 같기에

'화'로(화내는 마음)
사람의 마음을 얻기는
어려운 법이다.

제2장

음기와 양기에 대한

개념 정립

제2장 프롤로그

휴먼코드에서 말하는
땅의 기는

흙이 아니라
'바위'이다.

바위가 깨져서
돌이 되고

돌이
물, 태양, 바람의 기와 반응해서
흙이 된 것이기에

오롯이 땅의 기는
땅에 있는 것들 중에서

바위나 돌처럼
'차갑고' '단단한'
것들로부터 니온다.

▍음기와 양기에 대한 개념 정립

지구에는 네 가지 '자연의 기'가 있다.
물의 기
땅의 기
바람의 기
태양의 기

지구에 존재하는 모든 생물과 무생물은
이 네 가지 "기"가 있고, 없음
또는 많고, 적음에 따라
그 존재의 '본성'이 결정된다

나는
이 네 가지 "기" 중에서
만질 수 있는 것은 '음기'
만질 수 없는 것은 '양기'로 구분했다.

그렇기에
물의 기와 땅의 기는 '음기'이고
바람의 기와 태양의 기는 '양기'가 된다.

이 관념을 기본으로 하여
'물의 음기'
'땅의 음기'
'바람 양기'
'태양 양기'라는 개념과

'물의음인'
'땅의음인'
'바람양인'
이라는 개념을 확립한다.

이상은 내 철학의 핵심이며

휴먼코드를 나누는 기준이다.

제2장 에필로그

물의음인은
자신과
어울리는 사람을 좋아하고

바람양인은
자신을
따르는 사람을 좋아하고

땅의음인은
자신에게
먼저 다가와 주는 사람을 좋아한다.

물의 기와 땅의 기에 대한 이해와 차이점

제3장 프롤로그

망치로
태산을 부술 수는 있어도

물을 부술 수는 없다.

바위를 쪼개서
돌을 만들 수는 있으나
돌을 붙여서
바위를 만들 수는 없다.

이처럼
물의 기는
갈라놓기가 어렵고

땅의 기는
붙여놓기가 어렵다.

* 형태

♦ 물의 기는

     ; 동그랗다.

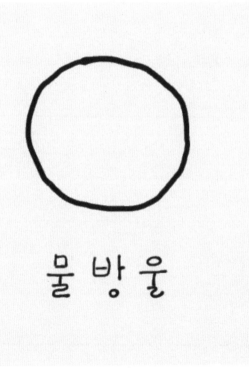

◆ 땅의 기는

   ; 밑면이 더 넓어 흔들림에 강한 형태를 갖고 있다.

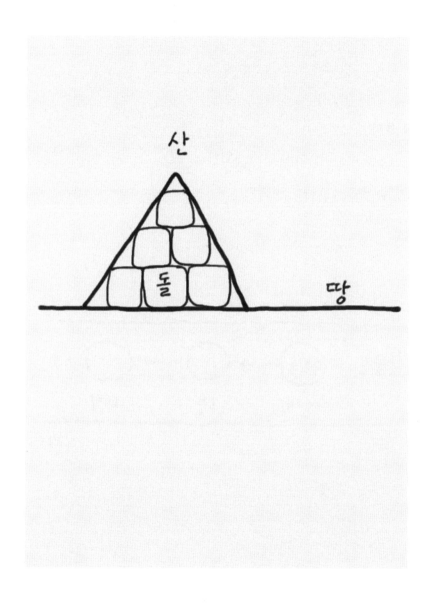

* 움직임

♦ 물의 기는

   ; 스스로 끊임없이 움직인다.

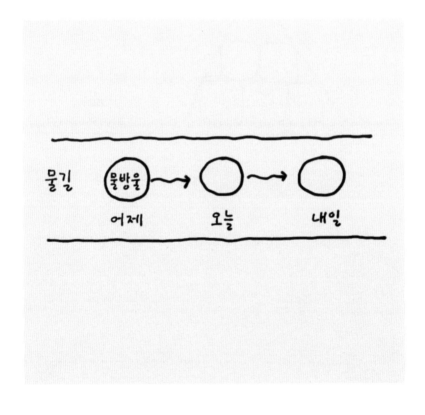

♦ 땅의 기는

　　; 스스로는 절대로 안 움직인다.

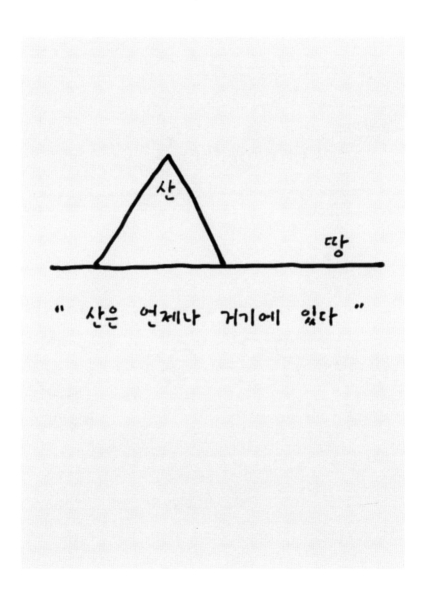

* 기의 크기

A 물의 기는

 : 반드시 다른 물과 합쳐진다

물방울 → 큰물방울

➻ 물의 기가 반드시 다른 물과 합쳐지기를 좋아하는 이유는
; 물의 기는
'양이 많아질수록'
힘도 커지고
기도 커지고
유용함도 달라지기 때문이다.

◆ 예를 들면
; 같은 양의 물이라도
한 컵에 담겨져 있는 경우가
사방에 흩어져 있는 경우보다는

물로써의 가치와 힘과 기가
모두 다 커지기 때문이다.

➼ 이렇게 양이 많아질수록 힘도 커지고, 기도 커지는 물의 기의
　성질 때문에

"물은 무엇이든 다 받아들이는 특징"을 갖게 되는데
이로 인해서 물은

✣ 자신을 버리면서까지도 다른 것을 받아들인다

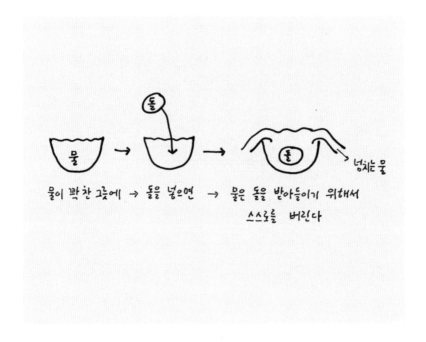

� 자신을 오염되게 하는 원인이 된다

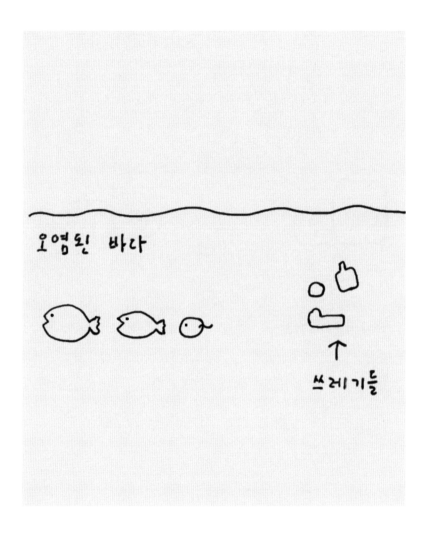

오염된 바다

쓰레기들

B 땅의 기는

: 절대로 다른 땅의 기와 합쳐지지 않는다

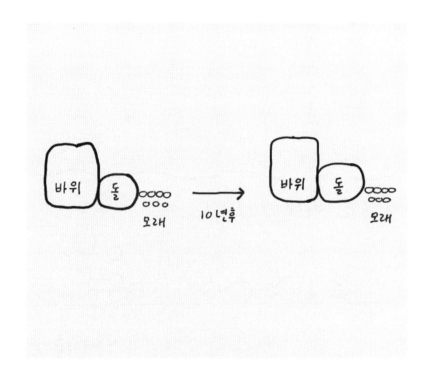

➤ 땅의 기가 절대로 다른 땅의 기와 합쳐지지 않는 이유는

　　; 땅의 기의

　　힘의 크기와 기의 크기와

　　유용함은

　　'단단함'에서 오는 것이지

　　많거나 넓음에서 오는 것이 아니기 때문이다.

♦ 예를 들면

　　; 한 알의 다이아몬드는

　　한 트럭의 모래보다도

　　땅의 기가 더 크다.

➛ 이렇게 땅의 기의 크기는
많거나 넓음에서 오는 것이 아니기 때문에
땅의 기는 물의 기와는 정반대의 특징을 갖게 된다.

✠ 다른 것을 쉽게 받아들이지 않는다

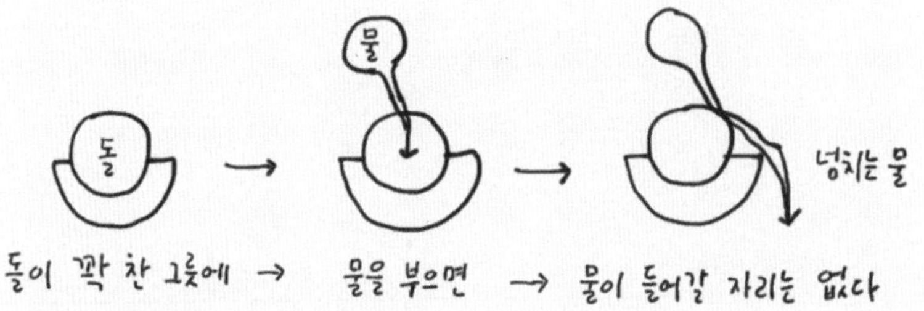
돌
물
넘치는 물
돌이 꽉 찬 그릇에 → 물을 부으면 → 물이 들어갈 자리는 없다

✪ 다른 것을 받아들일 때도 필요한 만큼만 받아들인다

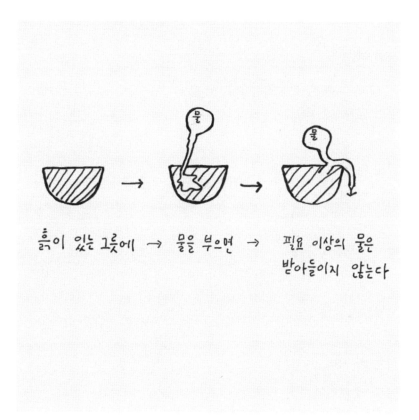

흙이 있는 그릇에 → 물을 부으면 → 필요 이상의 물은
받아들이지 않는다

제3장 에필로그

물의 기는

양이 많아질수록

힘도 더 커지고
기도 더 커지고

땅의 기는

단단해질수록

힘도 더 커지고
기도 더 커진다.

물의 기와

물의음인

물은
부지런한 물이
아름답다.

물은
쉼 없이 흘러 맑을 때
아름답고

쉼 없이 흘러 큰물이 될 때
아름답다.

부지런한 물의음인은
아름답고

부지런하고
맑고
큰 생각을 가진 물의음인은
선하고
아름답다.

* 형태와 체형

물의 기는 동그랗다.

그렇기 때문에 물의 기가 많은 물의음인의 체형은

✠ 모든 체질들 중에서 가장 동그랗다

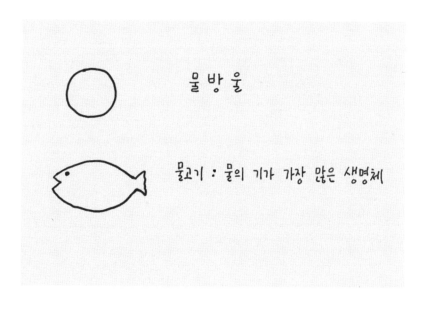

두상이 동그랗다
얼굴이 동그랗고 . 입체적이다
배와 엉덩이 쪽에 살이 많고
특히 살이 찌게 되면
배만 볼록해지는 경우가 많다

물의 음인

✖ 자세히 보면 '물고기'처럼 보여지는 물의음인의 외모

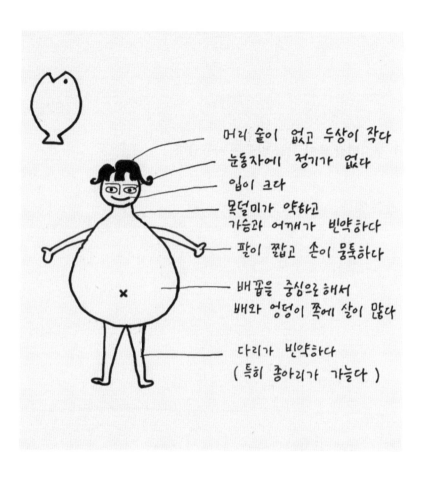

머리 숱이 없고 두상이 작다

눈동자에 정기가 없다

입이 크다

목덜미가 약하고
가슴과 어깨가 빈약하다

팔이 짧고 손이 뭉툭하다

배꼽을 중심으로 해서
배와 엉덩이 쪽에 살이 많다

다리가 빈약하다
(특히 종아리가 가늘다)

✖ 부지런한 물이 갖는 맑음은 아름답다

"물의 기는 스스로 끊임없이 움직인다."

그렇기 때문에 물의음인의 본성에는 '부지런함'이 있다.

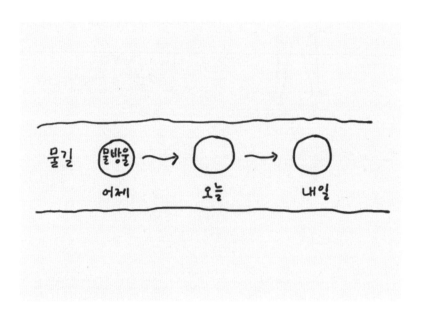

"물이 가질 수 있는 최고의 아름다움은 맑음에 있고"
물의 맑음은 물이 쉼 없이 흐르는 데서 비롯한다.

그렇기에 물의음인이 가장 아름다울 때는
'부지런히' 일을 할 때이다.

그래서 우리는 열심히 일하는 '당신'을 보고 매력을 느끼는 것이다.

부지런하고 성실한 '송해' 선생님이 그렇고
부지런하고 노력하는 '김병만'이 그렇고
부지런하고 외모까지 출중한 '정우성'과 '브래드 피트'가 그렇다.

- -

송해: 한국 - MC, 개그맨
김병만: 한국 - 개그맨
정우성: 한국 - 영화배우, 탤런트
브래드 피트: 미국 - 영화배우

✠ 부지런함이 유발하는 조급함

'부지런하다'의 사전적 의미는 '어떤 일을 꾸물거리거나 미루지 않고 꾸준하게 열심히 하는 태도가 있다'라는 뜻으로, 이 말은 마치 최초의 누군가가 '쉼 없이 흐르는 물'을 보고 생각해낸 말이 아닐까 싶다. 그러니 "물"에게 부지런함은 그리 어려운 일이 아니다.

하지만 "물의음인"에게 부지런함이란 매우 어려운 일이다.

왜냐하면 "물"에게는 물의 기만 있으니 그저 쉼 없이 흐르는 것만이 최선일 수 있겠으나
"물의음인"에게는 물의 기 말고도 땅, 바람, 태양의 기가 함께 있으니 그저 물처럼만 살 수는 없는 노릇이다.

그래서 가끔은 게으름도 피우고 농땡이도 피우게 되는데
이럴 때 부지런한 본성을 많이 가지고 있는 물의음인들은
마음이 불편해진다.
그리고 이 불편해진 마음이 유발하는 마음이 바로
'조급함'이다.
'조급함'은 물의음인이 평생을 살면서 매우 많이 맞닥뜨리게 되는
마음으로 물의음인들에게 있어서는 사실 '욕심'만큼이나
경계하고 다스려야 하는 마음이기도 하다.

왜냐하면 물의음인들에게 있어서 '조급함'은 하루를 사는 동안에도 끝없이 본인을 괴롭히거나 타인을 괴롭히게 되는 마음이기 때문이다.

예를 들어 어떤 물의음인 남자의 하루를 살짝만 들여다보자.
이 남자는
아침에는 원래 본인이 일어나야 될 시간보다 30분 전부터
알람을 5개씩이나 더 맞춰놓고는, 결국엔 꼭 일어나야 될 시간보다도
10분이나 늦게 일어나 허겁지겁 출근을 한다.
점심시간에는 동료와 함께 간 식당에서 주문을 하면서
'빨리 좀 주세요.'라는 그야말로 백해무익한 말을 한다.
저녁식사 후에 아내와 함께 산책을 나가기로 했을 때는 어디 약속
시간에 늦은 것도 아닌데 아내는 아직 옷도 다 안 입었는데 자기는
벌써 현관 앞에 서서 아직 멀었어(?)를 연발한다.

결국 이 남자의 조급함은 아침에는 자기 자신을 괴롭혔고
점심에는 식당 종업원을 부담스럽게 했고
저녁에는 자기 부인을 짜증나게 했다.

이렇게 '조급함'은 물의음인들이 평생을 사는 동안 하루에도 수 없이 본인도 모르는 사이에 자신을 괴롭히고 타인을 기분 나쁘게 할 수 있는 마음이기에 '욕심'만큼이나 경계하고 다스려야 하는 마음이다.

* 기의 크기에서 유래하는 물의음인의 본성과 특징

A 물의 기는 '양이 많아질수록' 힘도 커지고 기도 커진다

물의 기는 양이 많아질수록 힘도 커지고 기도 커지기 때문에
반드시 다른 물과 합쳐지기를 좋아하는 본성을 갖게 되는데,
이러한 본성 때문에 물의음인들은 다음과 같은 몇 가지의
매우 중요한 특징을 갖게 된다.

✠ 다른 물과 합쳐지기를 좋아하기 때문에

  ✔ 다른 사람들과 어울리는 것을 좋아하고
    떼로 몰려다니는 것을 좋아한다.
  ✔ 친구, 나아가서는 모임이나 단체 활동 등을 좋아한다.

✠ 양이 많아질수록 힘이 커지기 때문에

Ⅰ 개인적으로는
자신의 몸집을 계속해서 키우고 싶어 하는 본성을 갖게 되고 이로

인해 체격이 커지고 자꾸 살이 찌게 된다.

; 실제로 지구상에서

  ✔ 가장 큰 생명체는 물의 기가 가장 많은 '고래'이고
  ✔ 가장 뚱뚱한 동물로는 코끼리, 하마, 돼지 등을 들 수 있는데, 이것들의 공통점은 인류의 물의음인들보다 물의 기가 훨씬 많은 동물들이라는 점이다.
  ✔ 인류 중에서 체격이 가장 크거나 뚱뚱한 사람들은 모두 물의음인들이다
      ---〉이 현상은 남, 여 모두에서 동일하다.

Ⅱ 사회적으로는

어떤 큰 조직의 일원이 되는 것을 매우 좋아하고

일단 큰 조직의 일원이 되고 나면

"자신의 힘 또한 예전에 비해서 커졌다고 굳게 믿는다."

➻ 물의음인들이 이렇게 굳게 믿는 이유는 다음과 같다.

✓ 땅의 기는 크기와는 관계없이

아무리 많은 수가 같이 있어도 그저 같이 붙어있는 것일 뿐

각 한 개의 크기가 달라지지는 않는다.

하지만 물의 기는

한 개의 물방울이 다른 한 개의 물방울과 만나면

그 크기가 "두 배"로 커진 새로운 한 개의 물방울이 생긴다.

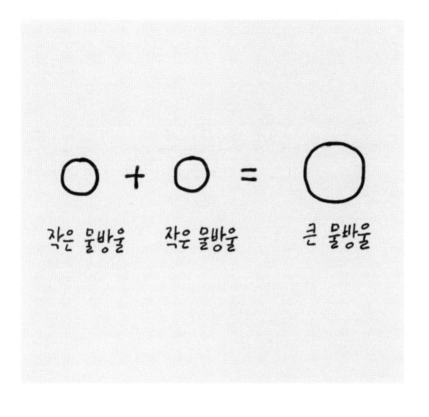

작은 물방울   작은 물방울   큰 물방울

그리고 그 크기가 두 배로 커져서 새롭게 생긴 물방울 속에
각자 합쳐지기 전의 한 개씩의 물방울은 없다.

$$물방울 A \quad + \quad 물방울 B \quad = \quad 물방울 C$$

나를 예전의 A 또는 B로 보지마
나는 새로운 C 야

이렇게 물방울은 한 방울이 다른 한 방울과 합쳐져서

두 배 크기의 물방울이 되든

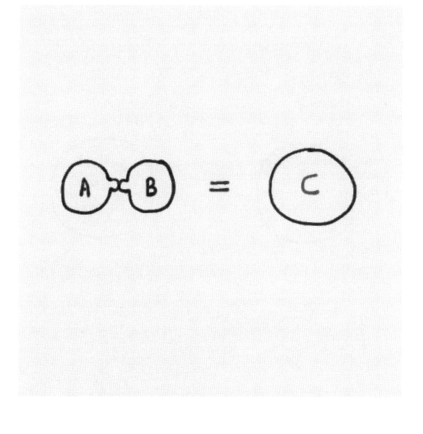

한 방울이 어떤 거대한 크기의 물방울과 합쳐져서

백 배 크기의 물방울이 되든

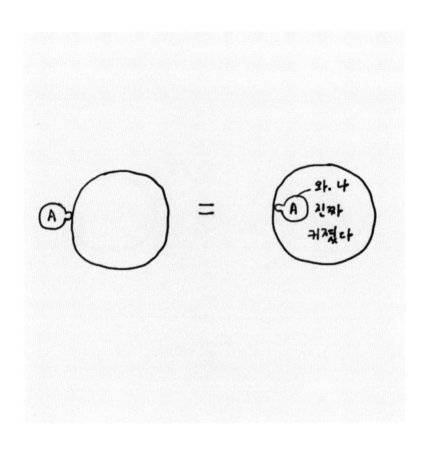

합쳐져서 새로 생긴 물방울 속에서
합쳐지기 전의 '그 한 방울'을 찾아낼 수는 없다.

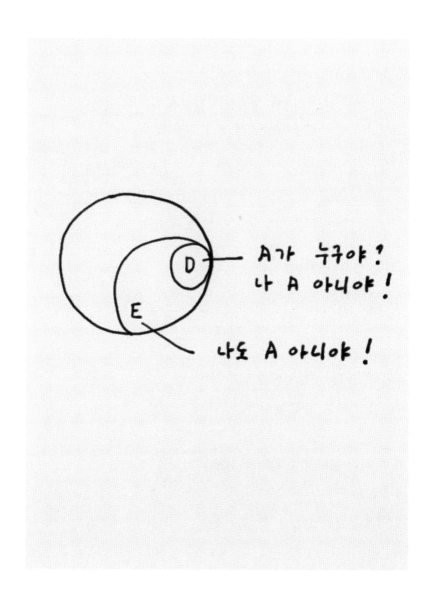

이러한 특성이 부정적으로 나타나면
주제 파악을 못해서 '오만 방자'해지거나
'너 자신을 모르는 사람'이 되는 것이고

긍정적으로 나타나면
혼자일 때는 그저 너무도 평범한 사람일 뿐이었던
한 사람이 큰 무리 속에서는 믿을 수 없을 만큼
용감해지고 강해진다.

*****

유관순 열사가 그랬고
안중근 의사가 그랬듯이

하나로 뭉쳐서
불의와 맞서는 물의음인들은
강했고, 강하고, 강할 것이다.

한 번 커진 물의 기를 갈라놓기란
망치로 태산을 부수는 것보다도
더 어려운 일이니까.

B 물의 기는 자신을 버리면서까지도 다른 것을 받아들인다

물의 기가 자신을 버리면서까지도 다른 것을 받아들이는 현상 또한 물의 기는 양이 많아질수록 힘도 커지고 기도 커지는 본성 때문이다.

한 마디로 물은 참 멍청하다.
얼마나 멍청하면 결국엔 자신을 버리게 되는 상황이 될 때까지 그것이 좋은 것인지 나쁜 것인지도 모르고 다 받아들이니 말이다.

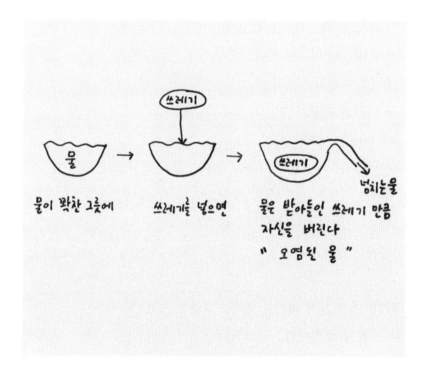

결국 자신을 버리면서까지도 다른 것을 받아들이는
물의 기의 본성으로 인해
'바다는 오염되고'
물의음인들에게는 '욕심'이라는 마음이 생기게 된다.
물론 욕심이 없는 사람은 없다.
그러나 여기에서 말하는 욕심은

"자신을 버리거나 해치면서까지도 무언가를 얻고자 하는 마음"으로

만약에 물의음인이
이런 마음을 다스리지 못하고 본성대로 살다 보면 자칫
* 무엇이든 안 버리는 사람
* 지나치게 절약하는 사람
* 욕심 많은 사람
중의 한 사람이거나
혹은 셋 다에 해당되는 사람인 경우로 살게 될 수도 있다.

그리고 '그렇게 살다 보면' 그 끝에는
바다가 오염되었듯이

탁기로 가득 차서 더러워 보이는 얼굴을 가진
'나'만이 있을 뿐이다.

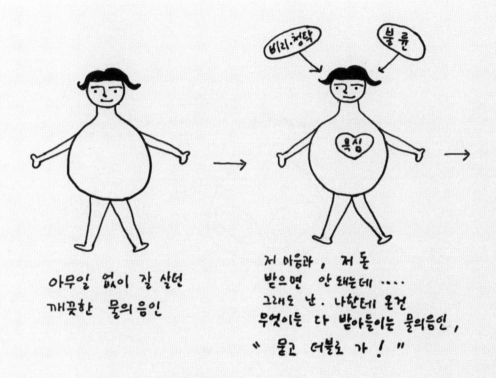

아무일 없이 잘 살던
깨끗한 물의음인

저 마음과 , 저 돈
받으면 안 돼는데 ····
그래도 난 . 나한테 온건
무엇이든 다 받아들이는 물의음인,
" 물고 더불로 가 ! "

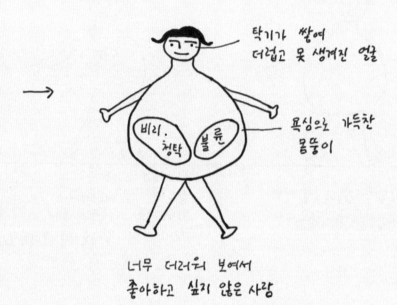

탁기가 쌓여
더럽고 못 생겨진 얼굴

욕심으로 가득찬
몸뚱이

비리.
청탁   불륜

너무 더러워 보여서
좋아하고 싶지 않은 사람

욕심은 그것이 마음에 관한 것이든 물질에 관한 것이든
본인에게 필요한 것 그 이상까지도 갖고자 하는 마음으로
물의음인들이 평생을 사는 동안 가장 경계해야 할 마음이다.

그러나 물의음인에게 있어서 욕심이란
무엇이든 다 받아들이는 물의 본성에서 유래하는 것이기에
가장 다스리기 어려운 마음이기도 하다.
그렇다고 하여 물의음인이 제 욕심대로 산다면
뚱뚱하거나 아프거나 탁해져서
결국에는
'못생겨지고'
더러워질 것이다.

세상에서 가장 더러운 것은
"더러워진 큰물"이고

세상에서 가장 쓸모없어진 물질은
"더러워진 물"이다.

그러니 물의음인이 평생을 살면서 가장 경계해야 할 마음은
바로 '욕심'이다.

제4장 에필로그

큰 것을 좋아하는 물의음인 세상에는 언제나
잘난 내가 있고
나보다 못난 네가 있고
나보다 더 잘난 '당신'이 있다.

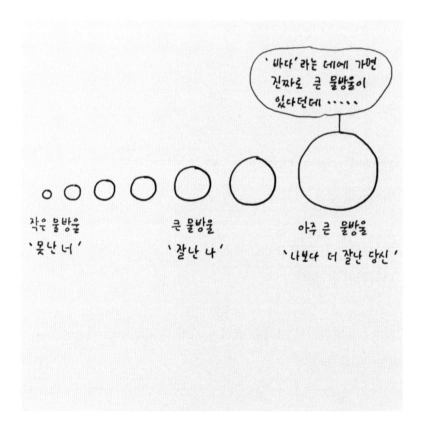

그렇게 물의음인 세상에는
'서열'이라는 것이 있다.
그리고 그 서열은 반드시 지켜진다.

서열이 깨지면 '나보다 못난 네가'
'잘난 나'와 같아지는 것이기 때문에
그것을 용납할 수는 없기 때문이다.

그러면서 한편으로는 나도 부지런히 노력하면
'나보다 더 잘난 당신'처럼 될 수 있다는
'욕심을 품는다.'

이처럼
물의음인의 세상에는
반드시 지켜져야 하는 '서열'과

'나'만은
세상에서 가장 큰물이 될 수도 있다는

'역심'이
늘 함께 자리한다.

땅의 기와
땅의음인

제5장 프롤로그

땅은
단단한 땅이
아름답다.

땅이 움직이면
세상도 무너지는 것이니
늘 그 자리에 있는
오백 살 나무는
아름답다.

나이와 영혼은
그것이 늘 그것일 수
있을 때 가능한 것이니

나무처럼 단단하게 나이 들어
늘 그 자리에 있어 줄 수 있는
영혼을 가진
땅의음인은
아름답다.

* 형태와 체형

땅의 기는 밑면이 더 넓어 흔들림에 강한 형태를 갖고 있다.
그렇기 때문에 땅의 기가 많은 땅의음인의 체형은

✤ 모든 체질들 중에서 가장 하체가 튼튼하다

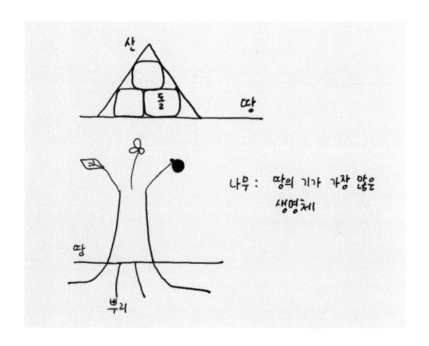

머리숱이 많고
어깨가 빈약하고
팔이 얇고
종아리가 굵다

땅의 음인

✤ 자세히 보면 '나무'처럼 보여지는 땅의음인의 외모

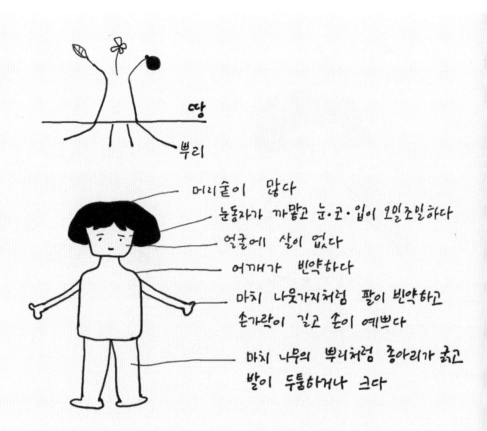

* 움직임과 느림

✖ 느린 것이 주는 편안함은 아름답다

"땅의 기는 스스로는 절대로 안 움직인다."

그렇기 때문에 땅의음인의 본성에는 '느림'이 있다.

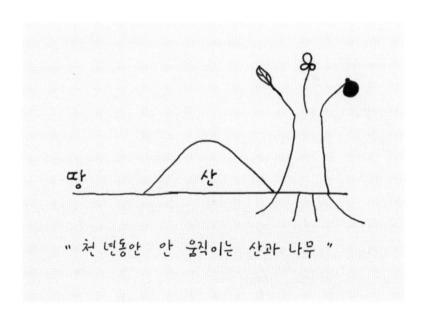

"천 년동안 안 움직이는 산과 나무"

"땅이 줄 수 있는 최고의 아름다움은 편안함에 있고
편안함은 느림에서 비롯한다."

그렇기에 땅의음인이 가장 아름다울 때는
충분히 느려서 편안할 때이다.

그래서 우리는 편안한 '당신'을 좋아한다.

그러니
조급하지 않고
흥분하지 않고
상대방을 재촉하지 않고도

지루하지 않고 재미있고 편안한 시간을 리드할 줄 아는

유재석과 유희열은
오래도록 사랑받아 마땅하다.

유재석: 한국 - MC, 개그맨
유희열: 한국 - 가수, 작곡가

✖ 느림이 유발하는 절대적 끈질김

'끈질기다'의 사전적 의미는
'끈기 있게 검질기다.'이고
유의어로는 '집요하다' '악착스럽다' 등이 있다.
그런데 '검질기다'란 어떤 뜻일까?
'검질기다'의 사전적 의미는
'성질이나 행동이 몹시 끈덕지고 질기다'이다.
그러니 '끈질기다'를 요약해보면
'성질이나 행동이 몹시 끈기 있고 질기다' 정도면 맞을 듯싶다.

"성질이나 행동이 몹시 끈기 있고 질기다"
땅의음인을 표현하는 데 있어서 딱 적합한 표현이다.

실제로 땅의음인들에게 자신을 남들과 비교했을 때
'내가 그래도 이것만은 자신 있다'고 생각하는 것을 한 가지만
말하라고 하면 아마도 대부분의 땅의음인들은
"끈기가 있는 것"이라고 대답할 것이다.

그렇다면 느림은 도대체 어떻게
절대적 끈질김을 유발할 수 있다는 것인가?
예를 들어 살펴보자.

어떤 체격이 큰 A와 체격이 작은 B라는 사람이 있는데
두 사람에게는 똑같이 벽돌 100장 나르기의 과제가 주어졌다.
물론 시간제한은 없다.

✔ 체격이 큰 A는 네 시간 만에 벽돌을 다 날랐고
체격이 작은 B는 열 시간 만에 벽돌을 다 날랐다.
이때 우리는 보통 A에게는 '힘이 세다' 또는 '일을 잘한다'라고 하고
B에게는 '끈기가 있다'라고 한다.
이처럼 '끈기가 있다'라는 뜻에는 시간의 개념이 포함되어있고
그 시간에는 분명 "느림"의 개념이 강하게 들어있다.

그러니 '끈질김'은
'느림'의 본성을 갖고 있는 땅의음인들이 제일 잘할 수 있는 것인
동시에 최고의 장점이기도 하다.
그러나 '끈질김'이 행동이 아닌 성질 쪽에서 잘못 나타나면 최고의
단점으로 작용하기도 하는데 그건 바로 땅의음인이 화가 났을 때다.

물론 인간은 모두 다 화를 낸다.
화를 안 내고 살 수 있으면 이야 너무 좋겠지만 그럴 수 있는
사람은 사실 많지 않다.
(나중에 각론에서 나오겠지만 모든 체질 중에서 물의음인 '낭만바다
(정우성)파' 사람들이 화는 제일 없다)

그러니 어쩔 수 없이 화를 냈다면 '화'는 최대한 빨리 푸는 것이
최선이다.

그런데 뭐든지 느린 땅의음인들은
화를 내는 것도 늦게 내고
푸는 것도 늦게 푼다.
그냥 늦게 푸는 정도가 아니라 '끈질기게'
그러니까 화를 '끈덕지고 질기게' 푼다.
그리고 이 끈덕지고 질긴 화는 자신의 가족 또는 가장 가까운
사람들에게 상처를 주거나 불편하게 할 뿐 아니라 본인에게는
스트레스에 식욕부진에 이미지 훼손이라는 대재앙을
가져다줄 뿐이다.

그러니 땅의음인이 평생을 살면서 가장 명심해야 할 것은
'화'를 '끈덕지고 질기게' 내서는 안 된다는 것이다.

* 기의 크기에서 유래하는 땅의음인의 본성과 특징

✖ 땅의 기의 크기는 단단할수록 커진다

땅의 기는 단단해질수록 크기가 커지기 때문에
움직이는 것을 싫어하고
다른 땅의 기와 합쳐지지 않는다.

움직임이 있으면
긁힘이나 부서짐이 생길 수 있게 되는 것이고
다른 땅의 기와 합쳐지기 위해서는
아무래도 표면이 물렁해져야 하니

두 경우는 모두 어떤 의미로든
땅의 기가 단단해지는 것에는 방해가 될 수 있는 것이다.

이러한 땅의 기의 본성으로 인해서
땅의음인은 다음과 같은 특징을 갖게 된다.

➤ 움직이는 것을 싫어하는 본성 때문에
　사교성이 없으나 교제 관계에는 탁월한 능력이 있다.

"사교성은 없는데 교제 관계에는 탁월한 능력이 있다"는
도대체 어떤 뜻일까?

이 특징은 땅의음인을 대표하는 중요한 특징 중의 하나로
다른 체질의 사람들이 이로 인해 땅의음인들을
사교성이 없다, 숙기 없다, 소심하다, 인사성이 없다, 친절하다,
믿음이 간다, 편안하다 …… 등으로
생각하게 만들며,
그런 생각이 들게 하는 이유는 다음과 같다.

➤ 땅의음인은
움직이는 것을 싫어하니
바람의 기를 싫어하고
바람의 기를 싫어하니
몸 안에 바람의 기가 적고
몸 안에 바람의 기가 적으니
자신이 먼저 남에게 다가가는 경우는 매우 드물다.

그런데 특이한 점은
사교성이 없다고 해서 다른 사람들과의 교제를
잘 못 하지는 않는다는 것이다.
땅의음인이 못하는 것은
자신이 먼저 남에게 다가가는 것을 못 하는 것이지
(난 이것을 '사교성이 없는 것'이라고 본다)

자신에게 먼저 다가온 사람에게는 설령 그 사람이 마음에 안 드는
사람일지라도 매우 친절하게 대해줄 뿐 아니라
오히려 자신이 좋아하는 사람들과의 교제는 누구보다도 잘 유지하는
탁월한 능력을 갖고 있다.

땅의음인이 이런 능력을 가질 수 있는 이유는

땅의음인은 다른 사람과 친해질 때도
천천히 느리게 친해지고
친해지고 난 후에도
웬만해서는 그 사람에게 간섭을 잘 안 하기 때문에
상대방이 자신에게 믿음과 편안함을 갖게 하기 때문이다.

이 특성은 땅의 기가 갖고 있는 '느림'의 본성과
다른 땅의 기와 합쳐지지 않는 본성에서 유래하는 것으로

느림의 본성 때문에

상대방과 친해지는데 오래 걸린 시간이

상대방에게는 오히려 믿음을 갖게 하는 플러스 요인으로 작용하는

경우가 많고

다른 땅의 기와 합쳐지지 않는 본성은

"나는 나고 너는 너"라는 개인주의적 성향을 갖게 함으로써

다른 사람에게 쉽게 간섭하는 것을 꺼리게 되고

이런 마음이 바탕이 되어서

그 사람이 갖고 있는 좋은 점이든 나쁜 점이든

그 사람을 있는 그대로 인정을 해주게 되는 것이다.

정리해보자면 땅의음인이 누군가와의 관계 속에서 웬만해서는

'간섭'이라는 것을 잘 안 하는 이유는 땅의음인들은 모두 다

선천적으로 착하거나 이해심이 많게 타고 태어나서가 아니라

그들은 그저 남에게 '간섭'하기를 싫어하는 것이다.

'간섭'을 하려면 나도 그만큼 그에게 다가가야 하는 것인데 그러려

면 나도 그만큼 '간섭'을 받아야 하는 것이고 그러려면

내가 변해야 하는 것이고

변하려면 나의 단단함도 깨져야 하는 것이니 무엇보다도 단단함을

지켜야 하는 땅의 기의 본성에 어긋나는 것이다.

예를 들어보자면

물의음인들이 누군가와 친해지면

그들은 상대방에게 간섭하기를 좋아한다.

왜냐하면 물의 기는 다른 물과 합쳐지기를 좋아하기 때문에

"내가 너고 네가 나"이었으면 좋겠는 마음이

본성 속에 있기 때문이다.

하지만

다른 땅의 기와 합쳐지기를 좋아하지 않는 땅의음인들은

웬만해서는 절대로 남에게 간섭하지 않는다.

휴먼코드적 관점에서 보면

간섭하기 좋아하는 물의음인도

간섭하기 싫어하는 땅의음인도

모두 다 자기 본성대로 사는 것일 뿐

누가

더 좋고

나쁨은 없다.

▼ 땅의 기와 땅의 기

▼ 물의 기와 물의 기

$$\bigcirc + \bigcirc = \bigcirc$$

A   B   C

합쳐진다

▼ 땅의 기와 물의 기

땅 A　　　　　물 B　　　　　합쳐진듯 보이나
　　　　　　　　　　　　　　여전히 A는 A고
　　　　　　　　　　　　　　　　B는 B 이다

▼ 땅의음인과 땅의음인이 만났을 때

▼ 물의음인과 물의음인이 만났을 때

○ + ○ = (A B)
A   B   C

우리는 만나자 마자
이미 하나!
그러니까
간섭좀 하고 살자.

▼ 땅의음인과 물의음인이 만났을 때

✠ 땅의 기는 다른 것을 쉽게 받아들이지 않는다

땅의 기가 다른 것을 쉽게 받아들이지 않는 본성은
땅의 기가 ‘변화’를 싫어하는 본성에서 유래하는 것으로
땅의음인은 절대로

“‘변화’는 하지 않으면서 ‘변신’은 매우 잘하는”

매우 특이한 특징을 갖게 한다.

그렇다면 우선 ‘변화’와 ‘변신’의 차이점에 대해서 알아보자.

‘변화’의 사전적 의미는
; 사물의 성질, 모양, 상태 따위가 바뀌어 달라짐
‘변신’의 사전적 의미는
; 몸의 모양이나 태도 따위를 바꿈

정리해보면
‘변화’는 사물의 성질이 바뀌는 것이고
‘변신’은 몸의 모양이 바뀌는 것이니

‘변화’와 ‘변신’은 완전히 다른 것이다.

결국 A와 B가 합쳐져서 새로운 C가 되는 것이

물의음인들이 좋아하는 '변화'라면

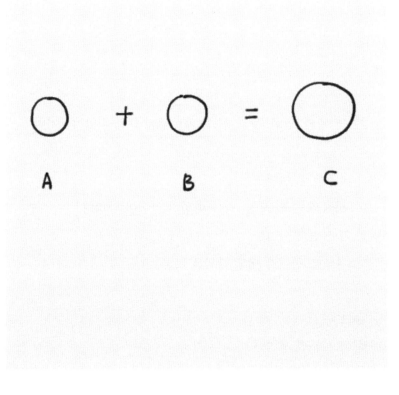

A와 B를 합쳤을 때 새로운 C가 아니라

모양만 바꾼 AB가 되는 것을 땅의음인들은 좋아하는 것이고

그것이 바로 '변신'인 것이다

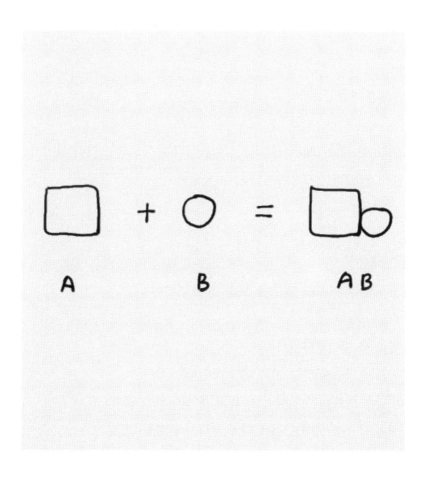

'변신'을 가장 잘하는 생명체는 바로 '나무'다.

나무는 계절마다, 달마다 변신을 하고

심지어 어떤 꽃들은 아침, 저녁으로 변신하면서도 살아간다.

그리고 나무처럼 자신의 '성질'은 바꾸지 않고

'모양'만 바꿀 수 있는 '변신'의 능력을 가장 많이 갖고 태어난 인류는

바로 땅의음인들이다.

'변신'을 잘하기에 갖게 되는 땅의음인의 특징으로는 여러 가지가 있을 수 있지만 그중에서도 가장 중요한 두 가지만 꼽자면

▌첫째는

'변신'을 좋아하기 때문에 '변화'에 유연하다.

'변화'를 싫어한다면서

'변화'에 유연하다는 것은 어떤 뜻일까?

이 말을 이해하기 위해서는 '변화'를 좋아하는 것과

'변화'에 유연하다는 것에 대한 정리가 필요할 것 같다.

그러면 먼저 '변화'를 좋아한다는 것부터 정리해보자.

앞에서 여러 번 나왔듯이 물의 기는 '변화'를 좋아한다.
그래서 물은 A와 B가 만나 새로운 C가 되는 것을 좋아한다.
그러나 물의음인은 물이 아니라 사람이다.

물에는 물의 기만 100% 있지만 물의음인에게는 물의 기가
아무리 많은 사람일지라도 80%를 넘길 수는 없다.
그렇기 때문에 사람이 물처럼 매일 '변화'하면서 살 수는 없는
노릇이다.

'변화'는 나를 바꾸는 것이기에 결코 쉽지 않은 과정이다.
그렇기 때문에 하루가 다르게 끊임없이 변화하고 있는 현실을 따라
잡는다는 것이 물의음인들에게는 늘 힘겨운 일이다.
게다가 변화가 늘 물의음인들보다 앞서가는 가장 큰 이유 중의
하나는 사실 변화의 많은 부분에는 늘 물의음인들보다 백 배는 빠른
바람양인들이 있기 때문이다.

이런 이유로 정작
'변화'를 좋아하는 물의음인들에게
'변화'란 참으로 어려운 일이기에
'변화'에 유연하게 대처하기 또한 어려운 것이다.

그렇다고 '변화'를 멈추게 할 수도 모르는 척할 수도 없다.

세상은 언제나 너무도 빠르게 변화하고 있고 그 속도를 따라잡지
못하면 나만 뒤처지는 것이 아닐까 하는 불안감을 물의음인들은
떨쳐버릴 수가 없다.
이것이 바로 '변화'를 좋아하는 본성을 갖고 있는 물의음인들의
딜레마이다.

그에 반해 본성적으로 '변화'를 싫어하는 땅의음인들은
'변화'에 직접 가담하지 않고 관망만 하고 있다가

적당한 때가 오면 '변화'에 맞추어서 '변신'을 한다.

'변화'를 처음부터 싫어했으니
'변화'가 뭐 그리 심각할 것도 어려울 것도 없는 일이다.
게다가 '변신'은 모양만 바꾸는 것이니 어려운 일이 아니다.

그러니 '변화'에 유연할 수 있는 것이다.

▌둘째는

"패션 센스가 있다."

'예쁜 게 다 야'
별것 아닌 듯이 쓰지만
절대로 별것이 아닐 수 없는 말이다.
현대를 살아가는 젊은이들 중에서는
'예쁜 게 다'인 사람들이 너무도 많기 때문이다.

'예쁜 게 다'인 삶을 살아간다는 것이 사실은 가장 어려운 삶이다.
생각해보라 그 어렵다는 공부도 평균 16년만 열심히 하면
'똑똑한 게 다'인 사람으로 평생을 살아갈 수가 있다
게다가 '똑똑한 사람'으로 살기 위해서는 공부만 잘하면 된다.
하지만 '예쁜 사람'으로 살기 위해서는 외모, 건강, 패션 센스 등
적어도 세 가지 요건이 필요하다.
그리고 이 세 가지 요건이 마치 삼각형을 만들 듯이 완벽한
균형을 이룬 상태로 계속해서 지속해갈 수 있다면
우리는 60세 70세까지도 '예쁜 사람'으로 살아갈 수 있다.

물론 이런 삶을 유지하기 위해서의 첫 번째 조건은 자신의
"휴먼코드"를 알아야 한다.

나의 휴먼코드를 알게 되면

내가 뭘 먹고, 어떤 운동을 하고, 어떤 직업을 갖고,

어떤 취미를 가질 때 나의 '외모'와 '건강'을

"최고"로 유지할 수 있는지 알 수 있게 되기 때문이다.

그러나 이런 것들에 관한 얘기는 간단하게 할 수 있는 부분이 아니기 때문에

"휴먼코드 제2권"에서 다뤄볼 생각이기도 하다.

어쨌거나 다시 패션 센스로 돌아가 보자.

그래서 외모와 건강이 쉽게 지킬 수 없는 것이라면

패션 센스는 쉽게 지킬 수 있는 것인가?

절대 아니다.

적어도 오늘날의 패션 센스는 외모와 건강만큼이나 어려운

화두로 등장 중이다.

옛날 옛적에 옷은 그저 깨끗하게만 입는 것이 '미덕'인 시절도 있었다.

그러나 세상은 쉼 없이 변화하고 세상 따라 패션도 숨 가쁘게 변화

하다 보니 이제는 패션 센스를 따라잡는 것이 '능력'을 넘어

'권력'으로까지 등극하고 있는 실정이다.

그러나 아무리 어려워도

패션은 우리에게 '변신'의 기쁨을 준다.

'변신'이 있어야 '예쁨'도 있을 수 있다.
아무리 예쁜 '예쁨'도 변하지 않고 늘 그대로라면
좋게 보면 '개성', 나쁘게 보면 '촌스러움'이 될 수밖에 없다.

결국 패션의 가치는 끊임없는 '변화'를 통해서
우리에게 끊임없는 '변신'의 기쁨을 주는 것에 있지 않을까 싶다.

그리고 그 '변화'를 빨리빨리 받아들여서 '변신'의 기쁨을 마음껏
누릴 수 있는 능력을 "패션 센스"라고 한다면
그 패션 센스를 가장 많이 타고 태어난 사람들이 바로
땅의음인들이다.

땅의음인들에게는 '변신'을 잘하는 본성이 있으니까
그리고 땅의음인들이 갖고 태어나는 '변신'의 본성은 패션을 너무도
중요하게 생각하는 현대 사회에서는 분명 행운임에 틀림없다.

*****

하지만 좋은 것이 있으면 나쁜 것도 있는 법
'변신'을 잘하는 땅의음인의 특징은
물의음인이 거의 80%에 달하는 인류사회 속에서 조금은
'약고' '편하고' '세련되게' 살아갈 수 있게 해주는
특징이라고도 볼 수 있지만

"'변화'를 주도하지 않고
'변화'의 주인이 될 수는 없는 법"

실제로 오늘 2020년 현재 전 세계 지도자들 가운데
'땅의음인'은 단 한 명도 없다.

제5장 에필로그

크기가 존재하는 땅의음인 세상에는 '서열'이 분명히 있다.

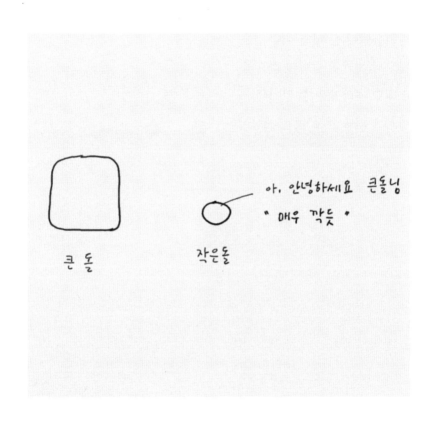

물의음인에게 '서열'이란
반드시 지켜져야 하되
'나'만은 뛰어넘어보고 싶은 '욕심'이 공존하는
그런 세상이었다면

땅의음인에게 '서열'이란
반드시 지켜질 수밖에 없으며
절대로 따라잡을 수 없기에
별로 부러울 것도 없는 세상이다.

넌. 내가
부럽지 않니?

큰 돌

작은 돌

응, 별로.
사실 가끔은 부러울 때도 있기는 하지만
어차피 내가 너처럼 되려면
천 년은 걸릴텐데.
나는 백년 밖에 살지 못하니
부러워 하는게 아무 의미가 없는거지
그래서 별로 부럽지가 않아!

제6장

바람의 기와

바람양인

제6장 프롤로그

시원한 바람은
세상을 움직이게 하고

소리와 함께 오는 바람은
우리의 마음을 움직이게 한다.

물을 움직여
눈과 비를 내려주니
시원한 바람이 갖는 힘은
강력하고

'밥 먹어'
우리를 부르는
우리 엄마 목소리가
갖는 힘은

절대적이다.

바람의 기와 바람양인을 이해하기 위해서는 먼저
바람의 기에는
"두 종류"의 바람의 기가 있다는 것을 이해해야 한다.

우리가 지금까지 바람이라고 알고 있는 바로 그
'시원한 바람'과

소리와 함께 오는
'소리 바람'

'시원한 바람'은
우리가 지금까지 바람이라고 알고 있던 바로 그 바람이다.

바닷바람, 강바람,
시원한 바람처럼
파도를 일으켜 우리 눈으로
향기를 실어 날라 우리 코로
추위를 몰고 와 우리 몸으로
보고
냄새 맡고
느낌으로서
'그 있음'을 알 수 있는 바람

'소리 바람'은
소리와 함께 오는 바람으로
소리와 함께 우리 '귀'를 통해시 들어옴으로써
'그 있음'을 알 수 있는 바람이다.

고래보다 훨씬 작고
나무보다 빨리 죽고
새보다 느린
인간이

만물의 영장이 될 수 있었던 이유는
바로 '소리 바람' 덕분이다.

인간의
말하고 노래하는 능력은
뛰어다니지 않고도
'바람의 기'를
취할 수 있게 해주었고
그 덕분에 인간의 뇌는
'바람처럼 빠르게'
스마트해질 수 있었기 때문이다.

이처럼 휴먼코드적 관점에서 보면

‘물’은
“물”이요

‘땅’은
“바위”요

‘바람’은
“바람”과 “소리”이다.

그렇기 때문에 앞으로 바람의 기와 바람양인을 설명함에 있어서는
'시원한 바람'과 '소리 바람'의 개념이
같이 쓰이기도 하고, 따로 쓰이기도 할 것인데
이에 대한 세세한 설명은 없을 것이다.

어차피 '시원한 바람'이든 '소리 바람'이든
'바람'은
'느끼고'
'들어서'

'그 있음'을 알 수 있는 것이지

'물'이나
'땅'처럼
먹고, 보고, 만질 수 있어서
'그 있음'을 알 수 있는 '기'가 아니기 때문에

당신이
"도대체 소리의 어떤 부분 정도에 바람이 있는 것이냐고"
내게 묻는다면
그것을 '글로써'
설명해줄 재주가 내겐 없다.

바람을 볼 수 있는 사람은 없다.
그러나 누구에게나 바람을 그려보라고 하면
이렇게 그린다.

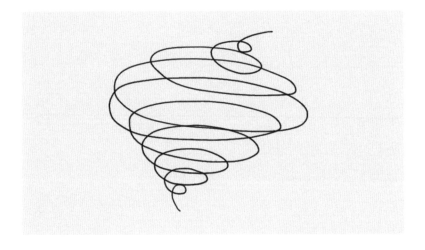

왜?
그것이 진실이니까

바람의 기가 가장 많은 '동물'은 '새'이다.

✤ 모든 체질들 중에서 가장 팔 힘이 좋다

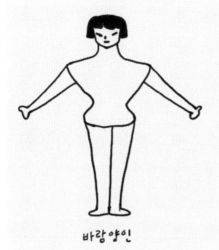

눈·코·입의 선이 가늘고 날카롭다
어깨가 넓다
팔 힘이 좋다

바람양인

✖ 자세히 보면 '새'처럼 보여지는 바람양인의 외모

머리카락이 얇거나 부드럽다
눈이 아무리 작아도 눈동자에 정기가 좋고 빛이난다
눈·코·입의 선이 가늘고 날카롭다
목덜미가 굵고 어깨가 넓다
(여자는 가슴이 발달한 사람이 많다)

팔힘이 매우 좋다
피부가 건조하다

* 움직임과 빠름

"빠른 것이 주는 자유로움은 아름답다."

바람이 움직이지 않고 있으면
바람이 바로 내 곁에 있어도
바람이 없다고 느껴지지만

그 바람을 부채로 모아서 '바람'을 만들면
바람이 있다고 느껴지는 것이니

"빠르지 않은 것은 바람이 아니다."

결국 빠르지 않은 바람은
'바람'이라고 할 수 없고
바람양인의 본성에는
반드시
'삐름'이 있다.

바람이 줄 수 있는 최고의 아름다움은
'자유로움'에 있고
자유로움은
'빠름'에서 비롯한다.

그렇기에 우리는 빠를 수 있어서 자유로울 수 있는 것들을
사랑한다.

'말'
'자동차'
'비행기'
'새'
그리고
'음악'

* 기의 "종류"에서 유래하는
   바람양인의 본성과 특징

물의음인과 땅의음인이 갖게 되는 본성에는
'기의 크기'가 매우 중요 했다면
바람양인의 본성에는
'기의 종류'가 매우 중요하다.

물론 바람 양기에도 '크기'가 있다.

솔솔 부는 산들바람보다는 태풍이
작은 소리보다는 큰 소리가
바람의 기가 분명히 더 '크다.'

하지만 바람양인의 경우에는 바람의 기가 '더 커짐'으로써 갖게 되
는 본성과 특징보다는 '기가 다름'으로써 갖게 되는 본성과 특징이
훨씬 더 중요하기 때문에 바람양인의 본성과 특징은
'기의 크기'가 아닌
'기의 종류'로 나누어서 살펴보기로 하겠다.

바람양인의 본성과 특징을 '기의 종류'로 나누어서 알아보기 위해서는
두 단계의 과정이 필요하다.

첫째는
앞에서 나왔듯이 바람의 기에는
'시원한 바람'과
'소리 바람'
두 종류의 기가 있음을 알아야 하고

둘째는
'시원한 바람'은 다시
본인이 많이 가지고 있는 '음기'의 종류에 따라서
본인의 '몸' 안에서

'시원한 바람'과

'뜨거운 바람' 또는 '불'로서

나타나게 됨으로써

같은 '시원한 바람'을 취함에도 불구하고
그 본성과 특징이 매우 다르게 나타난다는 것을 알아야 한다.

A 시원한 바람이 많은 바람양인의 본성과 특징

시원한 바람이 많은 바람양인의 본성과 특징을 이해하기 위해서는
먼저

시원한 바람이
"물과 만나면 얼음이 되고"

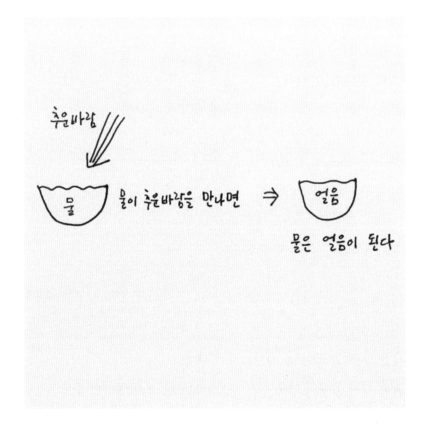

시원한 바람이

"태양과 만나면 불이 되는" 사실부터 이해를 해야 한다.

바람의 기가 갖는 이러한 특성 때문에

✔ 본인이 갖고 있는 음기 중에서
'물의 기'가 더 많은
'바람양인'은
성격이 얼음처럼 차갑고,
쌀쌀맞은 사람이 많고

✔ 본인이 갖고 있는 음기 중에서
'땅의 기'가 더 많은
'바람양인'은
성격이 불같고,
화를 잘 내는 사람이 많다.
(땅에는 태양의 기가 많기 때문이며,
이에 대한 자세한 설명은 다음에 나온다)

✔ 물론 사람은 물, 땅, 바람, 태양 네 가지의 기를
골고루 가지고 있는 생명체이기 때문에 당연히 성격이 얼음처럼
냉정하디가도 불같이 화를 내는 사람이 더 많을 수도 있다.
그러나 시원한 바람이
물과 만나서 '얼음'이 되고
태양과 만나서 '불'이 되는 특성은
바람양인 뿐만 아니라 물의음인과 땅의음인을 이해할 때에도 반드시
알아야 하는 부분이며
휴먼코드를 이해함에 있어서 핵심 포인트이기도 하다.

결국 시원한 바람이 많은 바람양인의 본성과 특징은
다음의 두 가지 경우로 살펴보기로 하자.
ⅰ 땅의 기를 많이 가지고 있는 바람양인
ⅱ 물의 기를 많이 가지고 있는 바람양인

✖ 땅의 기를 많이 가지고 있는 바람양인의 본성과 특징

땅의 기는

바람의 기를 싫어하고

태양의 기는 매우 좋아한다.

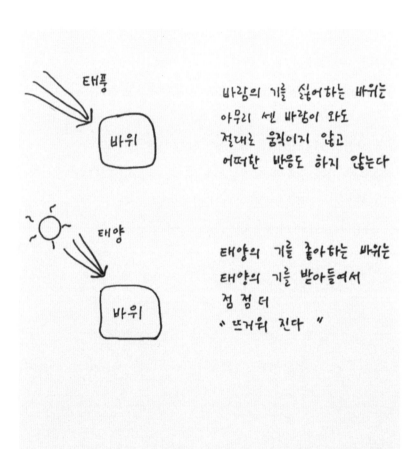

보는 바와 같이 땅의 기는 태양의 기를 매우 좋아하고
그렇기 때문에 땅의 기를 많이 가지고 있는 사람은
그 안에 반드시 태양의 기도 많이 가지고 있게 되는 것이고
그 태양의 기와 바람의 기가 만나면 불이 된다.

음식과 코와 귀를 통해서 들어온 바람의 기가
몸 안에 있던 태양의 기와 만나면
'불'이 된다

몸 안에 불이 있는 사람은
그 불이 반드시 눈으로 나타나고
불이 많으면 '화'를 잘낸다

눈에 불이 있어서
눈이 반짝 반짝하고
눈에 정기가 좋다

이처럼 땅의 기를 많이 가지고 있는 바람양인은
본인이 가지고 있는 태양의 기에 따라서
그 불이 큰 불일 수도, 작은 불일 수도 있겠으나
그 마음에는 반드시 '불'이 있고
그 '불'은 반드시
'눈'으로 나타난다.

'눈'에 불이 있는 사람은
눈이 반짝반짝하고 눈에 정기가 있어 보이기 때문에
남, 여 모두 카리스마가 있어 보이고
실제로도 모든 체질 중에서 가장 카리스마가 있는 사람은
바람양인 중에서도 땅의 기를 많이 가지고 있는 이 체질에서
나오는 경우가 대부분이다.
(예: 남자 - 이병헌, 여자 - 전지현)

이 외에도
성격이 불같고, 화를 잘 내는 반면에
사교성이 매우 좋고, 유쾌하고, 발랄하며
성격이 급하고, 참견하기를 좋아하고
피부가 까무잡잡하거나 건조하고
말이 빠르고 목소리가 크고
정열적이다.

✠ 물의 기를 많이 가지고 있는 바람양인의 본성과 특징

물의 기는

바람의 기를 매우 좋아한다.

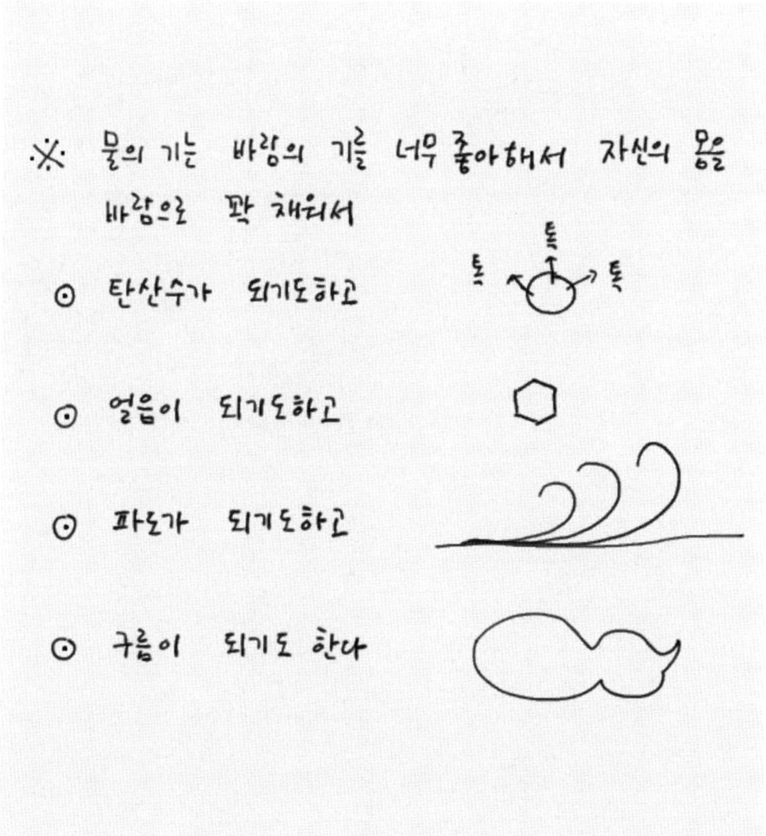

※ 바람을 따라서 한 시도 쉬지않고 끊임없이 돌아다닌다

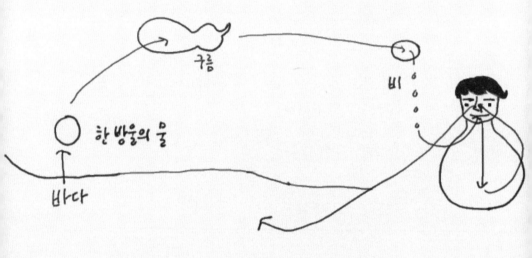

구름

비

한 방울의 물

바다

이처럼 물의 기와 바람의 기가 서로 좋아해서 생기는 특성들이
✓ 물의음인들 중에서는 바람의 기가 많은 사람
✓ 바람양인들 중에서는 물의 기가 많은 사람
들의 본성과 특징으로 나타나게 되는데
그중에서도 '물이 시원한 바람을 만나면 얼음이 되는' 특성만큼은
물의 기를 많이 가지고 있는 바람양인의 본성으로 두드러지게
나타나는 경향이 있다.

그 이유는 물이 시원한 바람을 만나서 얼음이 되려면
시원한 바람이 매우 많아야 가능한 것인데
그만큼의 바람을 가지고 있는 체질은
바람양인 밖에 없기 때문이다.
그렇기 때문에 물의 기를 많이 가지고 있는 바람양인은
탄산수처럼 톡 톡 튀고, 파도처럼 낭만적이다가도
때로는 얼음처럼 차갑고 쌀쌀맞으며
반드시 카리스마가 있다.

✓ 앞서 땅의 기가 많은 바람양인의 경우에는
'눈에 불이 있으면서 불같은 카리스마'가 있었다면
물의 기가 많은 바람양인의 경우에는
'매서운 겨울바람 같은 카리스마'가 있다.
(예: 남자 – 강호동, 여자 – 김희애)

B 소리 바람이 많은 바람양인의 본성과 특징

'시원한 바람'이든 '소리 바람'이든 '바람'은 다 똑같은 '바람'이다.
우리가 지금까지 바람이라고 알고 있던 바로 그 '바람'
바닷바람, 강바람, 시원한 바람 같은
다만 '시원한 바람'은 호흡으로 취하는 것이고
'소리 바람'은 들어서 취하는 것으로
두 바람을 취하는 방법이 다를 뿐이다.
결국 '시원한 바람'이든 '소리 바람'이든 그 두 바람이
어떤 경로를 통해서 들어오든 우리 몸속에 들어오면 다 똑같은
'바람'이 되는 것이기 때문에
'소리 바람'이 많은 바람양인의 본성이
'시원한 바람'이 많은 바람양인의 본성과 다를 수가 없다.

무엇보다 중요한 것은 한 바람양인이 있을 때
그 바람양인이 가지고 있는 바람의 기 중에서 얼마만큼이
'시원한 바람'으로 취한 것인지
'소리 바람'으로 취한 것인지
알 수도 없을뿐더러
그 두 바람이 우리 몸속에 들어오면 다 똑같은 '바람'이 된다고 했으니
'본성'을 놓고 두 바람의 다름을 따지는 것은 사실
무의미한 일이나.

그럼에도 불구하고 '시원한 바람'과 '소리 바람'을
구분해서 설명하는 이유는
'소리 바람'이 갖는 '매우 특별한 의미' 때문이다.

휴먼코드적 관점에서 보면 인간은
고래보다는 물의 기가 적고
나무보다는 땅의 기가 적고
새보다는 바람의 기가 적은
뭐 하나 특출날 것 없는 생명체이다.
심지어 '말'은 인간보다 물, 땅, 바람, 태양의 기를 모두 다 많이
가지고 있을 뿐 아니라 이 네 가지 '기'의 조화가 매우 좋은
그야말로 '특출'난 동물이다.

그렇다면 뭐 하나 특출나게 많이 가진 것도 없는 인간은 어떻게
만물의 영장이 될 수 있었을까?

휴먼코드적 입장에서 보면 이에 대한 비밀은 바로
'소리 바람'에 있다.

149쪽에서 보았듯이 물의 기는 바람의 기를 매우 좋아한다.
얼마나 좋아하면 바람 따라서 얼음도 됐다가, 파도도 됐다가, 거기가
어디라고 바람 따라서 하늘까지도 따라 올라가서 구름이 되기도 한다.

그렇지만 그중에서도 물의 기가 가장 좋아하는 것은 뭐니 뭐니 해도
바람 따라서 빨리빨리 돌아다니는 것이다.
왜냐하면 물은 '끊임없이 움직여야 더 큰물이 될 수 있고
더 큰물이 되어야 힘이 세지니까.'

이런 이유로 달릴 수 있는 능력을 가진 동물들 입장에서 보면
'빨리 달릴 수 있는 능력'은 최고의 능력 중의 하나이다.

'빨리 달릴 수 있으면' 더 많은 '시원한 바람'도 취할 수 있기
때문이다.

그런데 '물'의 입장에서 보면 '시원한 바람'은 언제나 너무도 얻기가
힘든 '바람'이다.

'시원한 바람'은 단 '한숨'도 거저 얻어지는 법이 없다.

'시원한 바람'은 단 '한숨'이라도
내가 내뱉은 만큼만 들이쉴 수가 있고
내가 빨리 달린 만큼만 더 많은 바람을 취할 수 있기 때문이다.
게다가 빨리 달려서 얻은 '시원한 바람'은
온몸의 바람을 씀으로써 얻어진 바람이기 때문에
다시 온몸으로 골고루 나눠줘야 한디.

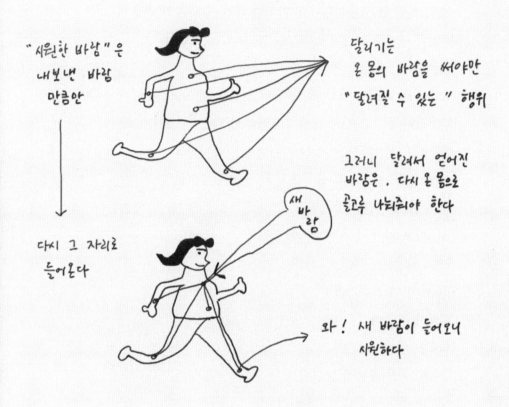

"시원한 바람"은
내뿜낸 바람
만큼만

다시 그 자리로
들어온다

달리기는
온 몸의 바람을 써야만
"달려질 수 있는" 행위

그러니 달려서 얻어진
바람은 . 다시 온 몸으로
골고루 나눠줘야 한다

새
바람

와! 새 바람이 들어오니
시원하다

그런데 '소리 바람'은 사정이 좀 다르다.

'소리 바람'은 호흡이나 달리기처럼 내가 쓴 만큼만 얻을 수 있는

바람이 아니라 가만히 있어도 얻을 수 있는 바람이다.

결국 '청각'이 있는 동물들은

달리지 않고도 '바람의 기'를 취할 수 있는 것이고

무엇보다 중요한 것은 달리기를 통해서 얻은 '시원한 바람'은

반드시 다시 온몸으로 골고루 나눠줘야 하지만

들어서 취하는 '소리 바람'은 우리 몸 입장에서 보면

'공짜'로 얻어진 바람이니

'귀' 하고 가장 가까운 거리에 있는

'머리'에 있는

'물'들이 다 가져가게 되고

그래서 결국엔

청각이 없는 동물들 보다

청각이 있는 동물들의 '머리'가

훨씬 빨리빨리 돌아갈 수 있게 되니

청각이 있는 동물들의 IQ가 훨씬 높게 나오는 원인이 되는 것이다.

일례로

똑같이 시속 100Km를 달릴 수 있는

물고기의 IQ는 3이고

말의 IQ는 70이다.

소리 + 바람

소리바람이 또 공짜로
마구마구 들어오고 있으니
머리 회전 좀 시켜볼까 ?

우리도 소리바람 좀 줘
어차피 네 것도 아닌데
왜 `머리' 너 혼자
소리바람을 다 가져가 · · · ·

흥, 웃기시네,
어차피 내 집으로 들어온 거니까 다 내꺼야
그렇지만 내가 그래도 좀 착하니까 가끔씩은 좀 나눠줄게
오, 마침 지금 들어오네 " 빠르고 소리가 큰 음악 "
이건. 한꺼번에 너무 큰 바람이 들어오기 때문에
어차피 나 혼자 다 못 쓰니까 너희들도 좀 줄게 !

오. 예 !
공짜 바람이 마구 들어오니 신난다
오래간만에 몸 좀 흔들어보자 !

이런 맥락에서 볼 때
'말'을 할 수 있는 인간의 '뇌'는 어떨까?

지금 이 글을 읽고 있는 당신 또한 '만물의 영장'이니
그 결과는 충분히 유추할 수 있으리라 믿는다.

인간의 역사에서 '대화'와 '음악'은
인간에게 주어진 최고의 '행운'이자
'능력'이다.

그리고 이 행운과 능력은 비단 '바람양인'에게만 해당되는 것이
아니라 모든 인간에게 다 해당되는 것이기에
이 점이
'소리 바람'이 인간에게 갖는
"매우 특별한 의미"이자

'인간이 만물의 영장이 될 수 있게 해준'
특별한 이유인 것이다.

제6장 에필로그

큰물과 작은 물이
싸우면
큰물이 이기고

나무와 꽃이
싸우면
나무가 이기지만

시원한 바람과 뜨거운 바람이
싸우면
누가 이길지 알 수 없다.

다만 분명한 것은 바람양인 남자들은 시원한 바람이 많고
바람양인 여자들은 뜨거운 바람이 많으니
물의음인들과 땅의음인들은 남자가 여자를 이기기가 쉽지만

바람양인들은
남자가 여자를
이기기가 쉽지 않다.

태양의 기 그리고
태양양인은 없다

제7장 프롤로그

휴먼코드에서 말하는

'물'은 "물"이요

'땅'은 "바위"요

'바람'은 "바람"과 "소리"이고

'태양'은 "태양"이다.

휴먼코드를 이해함에 있어서 가장 중요한 핵심 포인트는 다음의
세 가지이다.

첫째

지구에는 물, 땅, 바람, 태양 네 가지의 기가 존재하는데
그중에서
만질 수 있는 물과 땅의 기는 '음기'

만질 수 없는 바람과 태양의 기는 '양기'이다.

'음기'와 '음기'는 서로 절대로 반응하지 않고

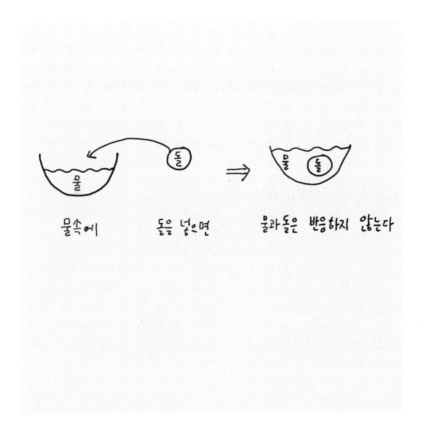

물속에   돌을 넣으면   물과 돌은 반응하지 않는다

'양기'와 '양기'가 서로 만나면 반드시 싸운다.

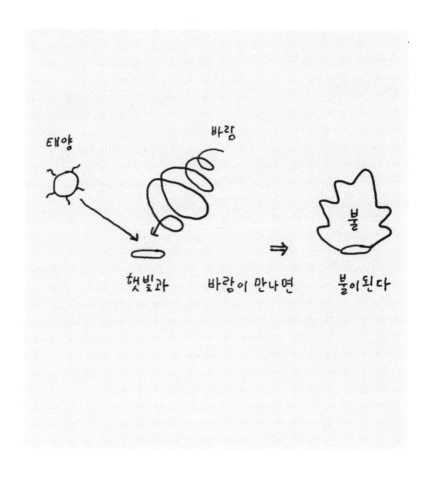

셋째

물의 음기는 바람 양기를 좋아하고

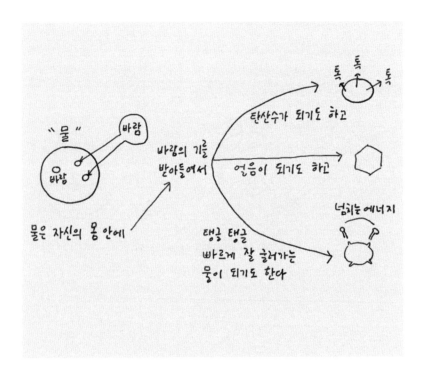

땅의 음기는 태양 양기를 좋아한다.

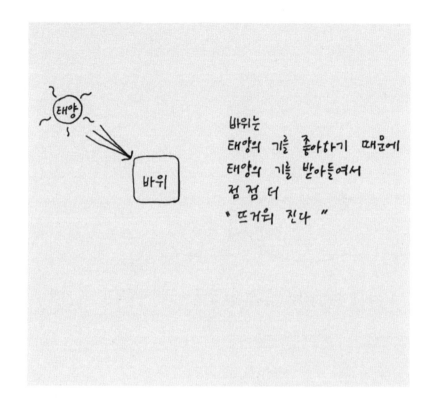

그래서

'물의 음기'가 많은 생명체에는 '바람 양기'가 많고

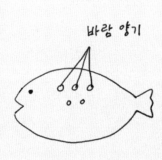

물 속에서 사는 물고기의 몸 속에는 `바람양기'가 많다

'땅의 음기'가 많은 생명체에는 '태양 양기'가 많다.

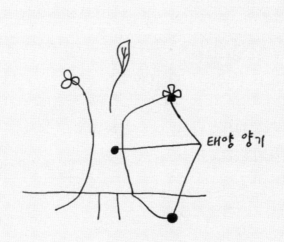

태양 양기

땅 위에서 사는 나무의 몸 속에는 '태양 양기'가 많다 휴먼코드에서 각 체질을 나누는 기준은 다음과 같다.

인간은 지구에 있는

물, 땅, 바람, 태양

네 가지 기를 매우 고르게 갖고 있는 생명체 중의 하나로

본인이 갖고 있는 네 가지 기 중에서

'물의 기'가 가장 많으면 --------- '물의음인'

'땅의 기'가 가장 많으면 --------- '땅의음인'

'바람의 기'가 가장 많으면 ------- '바람 양인'

'태양의 기'가 가장 많으면 ------- '태양 양인'

이라고 분류하고 정의할 수 있다.

그렇다면 물, 땅, 바람, 태양 네 가지 '기'들은 각자 어떤 방법으로

인간의 몸에서 자신이 가장 많은 '기'로써 있을 수 있는 것일까?

이 질문에 대한 해답을 알기 위해서는

우선 물, 땅, 바람, 태양 네 가지의 '기'가

어떻게 인간의 몸에서 있을 수 있는지부터 알아야 한다.

그런 다음 앞에서 나왔던 세 가지 핵심 포인트를 인간의 몸에

적용시키면 '휴먼코드'적 관점에서 보면

"태양양인"은 존재할 수 없다는 결론이 나온다.

인간은 신체의 많은 부분이 '물'로 이루어진 생명체이다.
그런데 '물'이 '땅' 위에서 생활을 하려면 '물'이 흩어지지 않게
해줄 수 있는 어떤 '테두리' 같은 것이 필요한데,
그것이 바로 '피부'이고

'피부'는 "땅"의 기로 만들어진다.

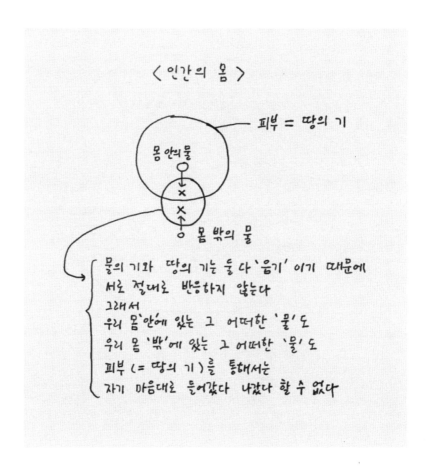

< 인간의 몸 >

피부 = 땅의 기

몸 안의 물

몸 밖의 물

물의 기와 땅의 기는 둘 다 '음기' 이기 때문에
서로 절대로 반응하지 않는다
그래서
우리 몸 '안'에 있는 그 어떠한 '물' 도
우리 몸 '밖'에 있는 그 어떠한 '물' 도
피부 (= 땅의 기)를 통해서는
자기 마음대로 들어왔다 나갔다 할 수 없다

피부는 우리 몸 밖에만 있는 것이 아니라 몸속에도 있는데
몸속에 있는 피부가 하는 일 중에서 가장 중요한 일 역시
몸 밖에 있는 피부가 하는 일처럼

'이쪽' 물과 '저쪽' 물이 안 섞이게 하는 일이다.

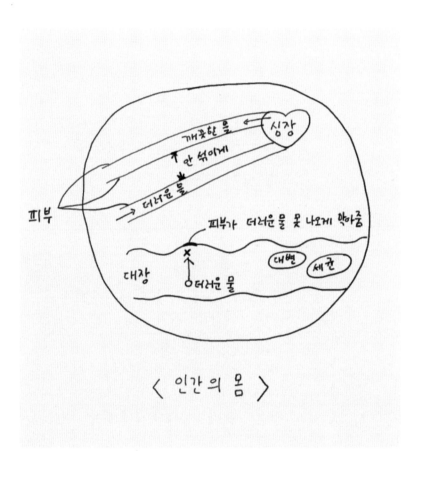

< 인간의 몸 >

그렇다면 지금까지의 사실을 바탕으로
'물의음인' '땅의음인' '바람양인'은
어떻게 존재할 수 있는 것이고
'태양양인'은 왜 존재할 수 없는 지 한번 살펴보자.

* 물의음인

인간은 신체의 많은 부분이 '물'인 생명체이다.
그러니 본인이 가장 많이 가지고 있는 '기'가
'물의 기'인 것은 너무도 당연한 결과이다.

모든 인간 중에서 '물의음인'은 약 80% 정도이다.

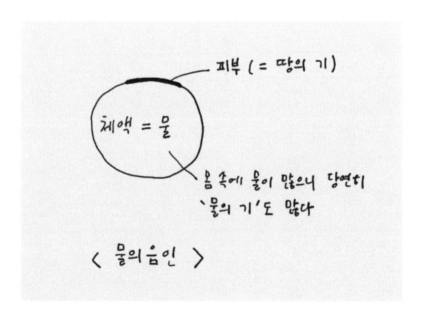

* 땅의음인

'땅의음인'의 존재 가능성은
'물의음인'의 존재 가능성과
'같은' 이치로 이해하는 것이
가장 쉽고 가장 명확하다.

앞서 '물의음인'의 경우에
몸 안에 물이 많아서
본인이 가장 많이 가지고 있는 '기'가
'물의 기'이기 때문에
'물의음인'이 될 수 있는 것이라면

몸 밖에 땅(피부)이 많아서
본인이 가장 많이 가지고 있는 '기'가
'땅의 기'라면
'땅의음인'이 될 수 있는 것이다.

앞서 살펴보았듯이 인간의 몸은 기본적으로

물의 기를 가진 '물'과

땅의 기를 가진 '피부'로 구성되어있다.

물 — 피부 (= 땅의 기)

〈 인간의 몸 〉

이 사실을 기본으로 하여 우리는 다음과 같은 두 경우라면
'물의 기'보다 '땅의 기'가 더 많을 수 있는 경우를 추측해볼 수 있다.

그런데
다음에 나오는 모든 숫자와 %에 대한 설명은
우리 몸이 가지고 있는 "기"에 관한 것으로
우리 몸이 가질 수 있는 "기"의
최대치를 100%라고 보았을 때

그 100%의 "기"를 기준으로
'물의 기'와 '땅의 기'가 어떤 비율로 있을 때
'땅의음인'이 존재할 수 있는지에 대한 설명으로

당신이 어쩌면 다음의 예문들을 읽으면서 떠올리게 될
'인간의 몸 중에서 물이 차지하는 비율은 60~85%'라는
과학적 진실을 염두에 두고 이해하려 하지 않기를 바란다.

첫 번째

"피부의 길이는 같은데
몸 안에 가지고 있는 물의 양이 다른 경우"

예를 들어서
우리 몸의 '기'를 100%라고 볼 때

우리 몸의 총 피부의 길이가 1m이고
몸 안에 있는 물의 양이 850ml일 때가

물의 '기'가 85%이고
땅의 '기'가 15%인 경우라고 가정해보자.

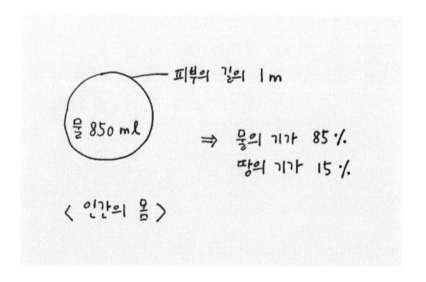

그렇다면 피부의 길이는 1m 그대로인데
몸 안의 물의 양만 600ml로 줄었다면
당연히 물의 '기'는 60%가 되는 것이고
땅의 '기'는 40%가 되는 것이고

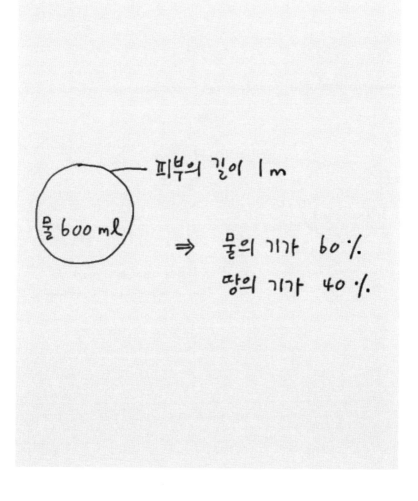

피부의 길이는 1m 그대로인데

몸 안의 물의 양이 400ml로 줄었다면

이 경우엔 당연히 물의 '기'가 40%

땅의 '기'가 60% 되는 것이다.

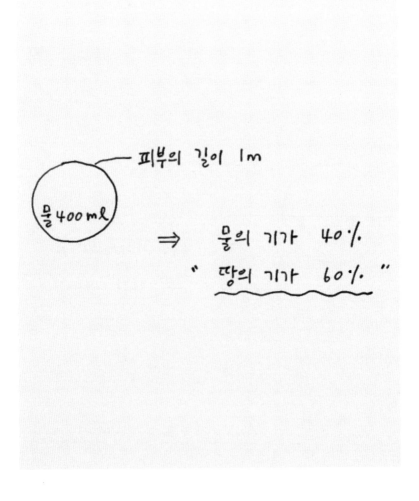

이처럼 같은 피부 길이를 가졌다면

몸 안의 물의 양이 적어질수록

땅의 기가 많아질 수 있는 것이기 때문에

땅의음인들은 대부분

키가 작거나

마른 사람이 많다.

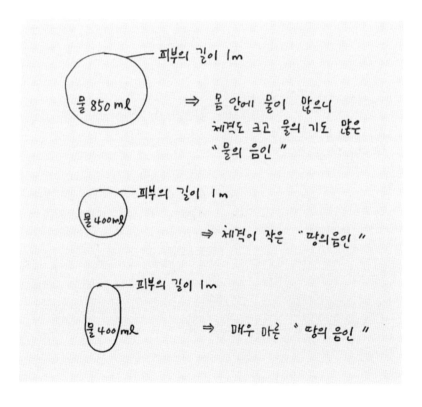

│ 두 번째

"피부의 길이도 같고
몸 안에 가지고 있는 물의 양도 같은데
피부가 두꺼운 경우"

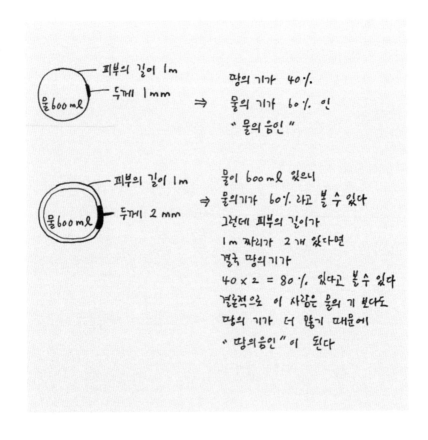

* 바람양인

지금까지 살펴보았듯이
'물의 기'는 몸 안에 있는 '물'의 형태로
'땅의 기'는 몸 안, 밖에 있는 '피부'의 형태로
존재할 수 있다.
그렇다면
'바람의 기'는 우리 몸에서 어떤 형태로 존재할 수 있는 것일까?

'바람의 기'는 만질 수 없는 '기'이니
'존재'할 수 없는 '기'이다.

이 말은 '바람의 기'는 '존재'할 수 없는 '기'이기 때문에
'물'이나 '땅'의 '기'처럼

우리 몸의 어느 부분을 차지하고 있을 수 있는 '기'가 아니라는
뜻이기도 하다.

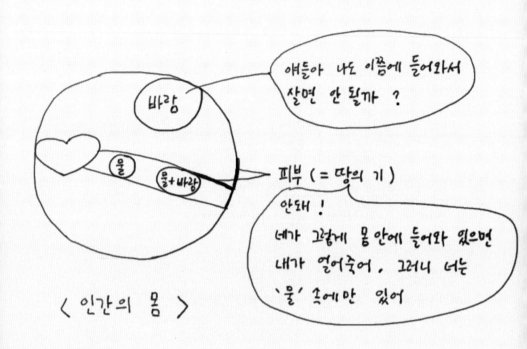

< 인간의 몸 >

그렇다면 '바람의 기'는 우리 몸의 어느 부분쯤에 있을 수 있는
것일까?
앞서 휴먼코드 핵심 포인트 세 번째 항에서 나왔듯이
'바람의 기'는 '물의 기'안에서 있을 수 있다.

'물의 기'는 '바람의 기'를 정말이지 너무너무 좋아한다.
그래서 '물의 기'는 '바람의 기'를 받아들일 수만 있다면 계속해서
받아들인다.
얼마나 좋아하면 자신의 몸의 형태가 바뀔 때까지도 바람을
받아들인다.

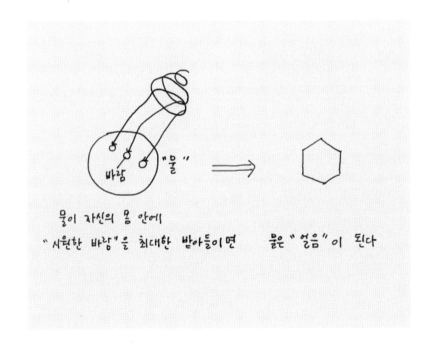

물이 자신의 몸 안에
"시원한 바람"을 최대한 받아들이면   물은 "얼음"이 된다

이처럼 '물의 기'가 '바람의 기'를 좋아하고
인간은 신체의 많은 부분이 '물'인 생명체인 한

'바람양인'은 반드시 존재한다.

* 태양양인은 없다

'바람의 기'가 '물'의 기 안에서 있을 수 있음으로써
'바람양인'이 존재할 수 있다면

'태양의 기'도 '땅'의 기 안에서 있을 수 있음으로써
'태양양인'도 존재할 수 있나?

아니, 존재할 수 없다.

그 이유의 가장 근본은
인간은 신체의 많은 부분이 '물'인 생명체이기 때문에서부터
시작된다.

언 듯 생각해서는 잘 이해가 가지 않는 대목이지만
앞에서 언급했던 휴먼코드를 이해하는 데에 있어서 가장 중요한
핵심 포인트 세 가지를 잘 연결해서 생각해보면
너무도 당연한 결과이기도 하다.

그럼 그 이유를 단계별로 생각해보자.

✠ 인간의 몸은 '물의 음기'와 '땅의 음기'로 구성되어있다

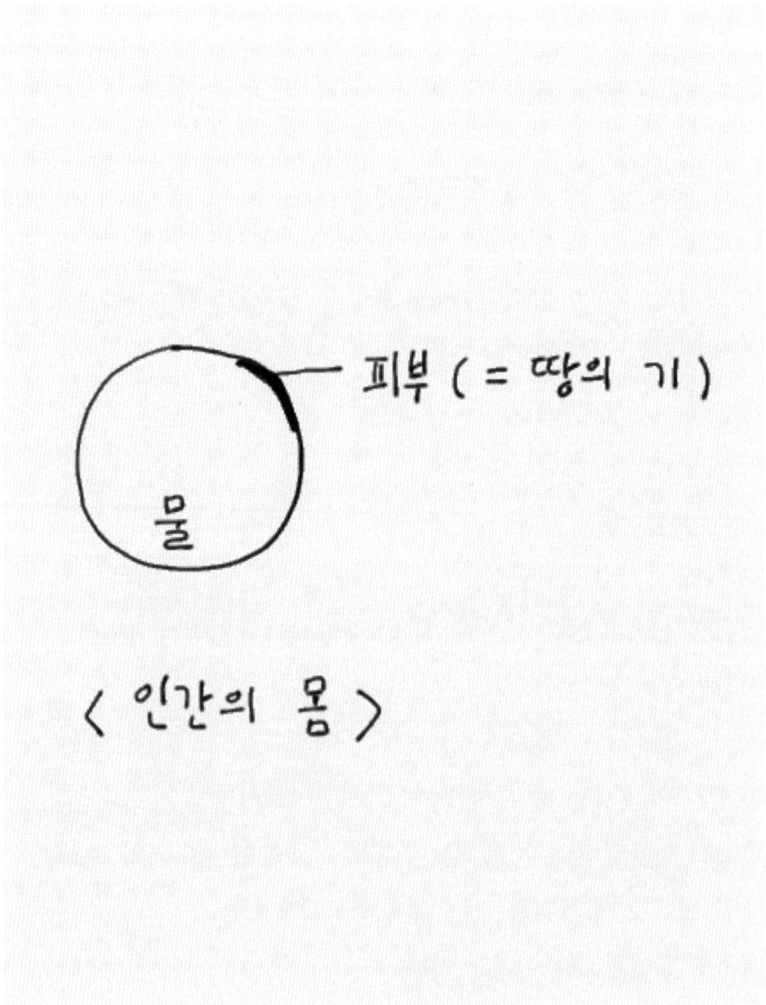

✠ '물의 음기'는 '바람 양기'를 좋아하고

'땅의 음기'는 '태양 양기'를 좋아한다

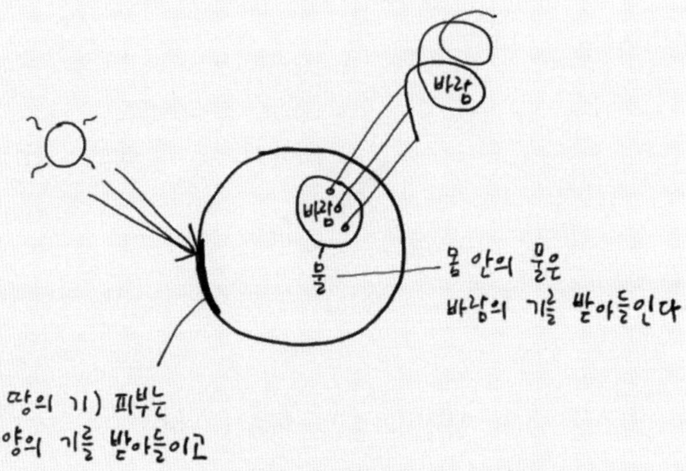

〈인간의 몸〉

✠ '바람 양기'와 '태양 양기'는
서로 만나면 반드시 싸운다

피부가 받아들인
태양의 기를 몸 안으로 보내면

바람

몸 안에 있던 바람과 싸움이 나서
`열(불)`이 나고
그래서 결국 몸은 자기가 그토록 좋아하는
바람을 잃게 된다.

✖ '물의 음기' 입장에서 보면 '태양 양기'는
무작정 다 받아들일 수가 없는 '기'이다

'땅의 기'가 원하는 만큼 다 받아주다가는 정작 '물' 자신은
'바람'이 하나도 없는 '기운 없는 물'이 될 수밖에 없다.
그래서 '물'과 '땅'이 협상을 해서 찾은 최상의 합의점이
바로 36.5도 정도의 따뜻함
우리 몸의 체온이다.

36.5도는
'물의 기'가 '바람의 기'를
"만족할 만큼" 가질 수 있으면서

'땅의 기'도 '태양의 기'를
"어느 정도는" 가질 수 있는

'최후의 합의점'이다.

이런 이유로 '태양양인'은 존재할 수 없다.

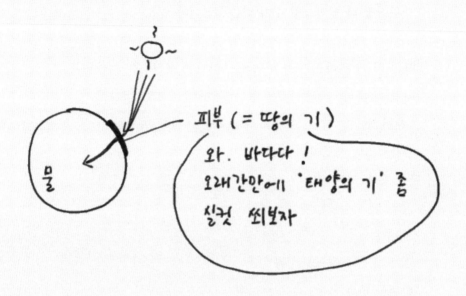

열 내면서 나가는 바람

땅으로 나가는 물

물

야. 땅아
너. 태양이 좀 그만 들여보내
지금 이 안에 난리났어
바람이는 짜증난다고 '화' 내면서 나가버리고
"엉물(멍청한 물)"이 들은 바람이 따라 나간다고
지들도 나가버리고,
그야말로 총체적 난국이야
너 이러면 진짜 "36선" 계약 위반이야

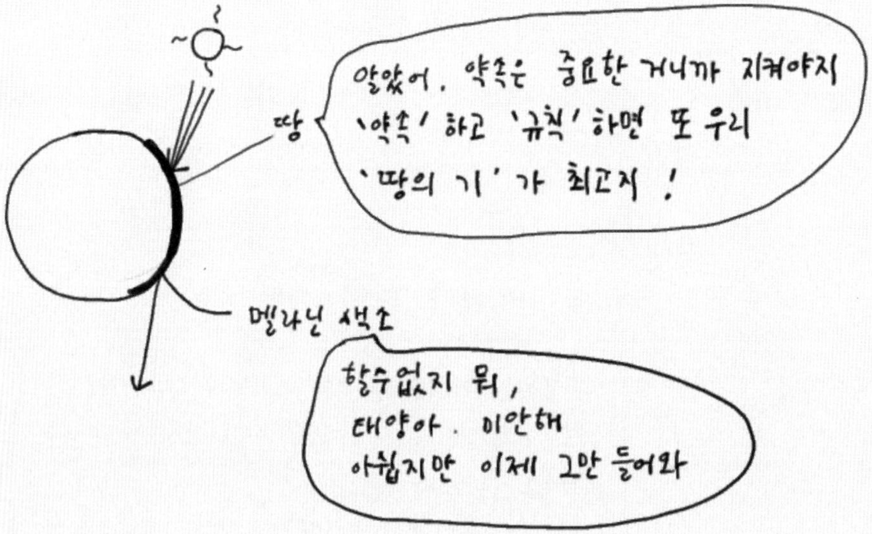
땅
알았어. 약속은 중요한 거니까 지켜야지
'약속' 하고 '규칙' 하면 또 우리
'땅의 기'가 최고지!
멜라닌 색소
할수없지 뭐,
태양아. 미안해
아쉽지만 이제 그만 들어와

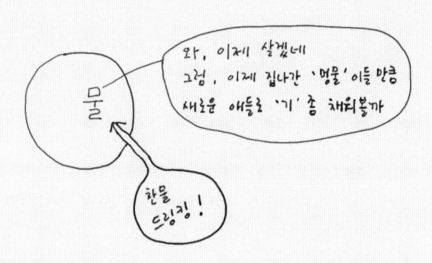

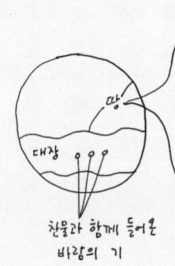

찬물과 함께 들어온
바람의 기

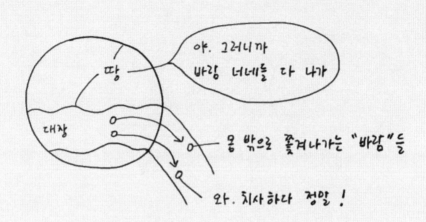

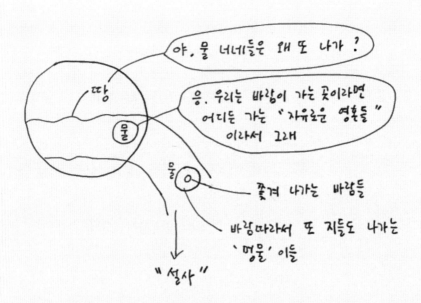

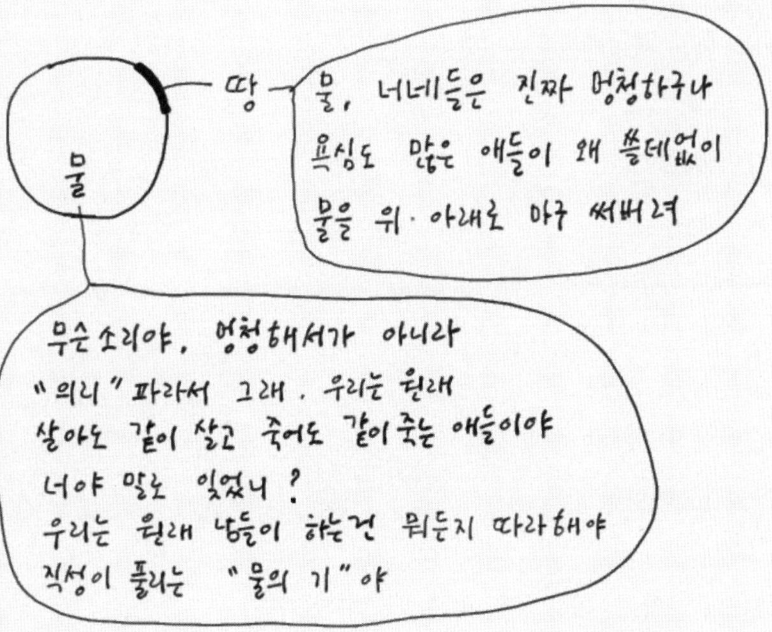
땅
물
물, 너네들은 진짜 멍청하구나
욕심도 많은 애들이 왜 쓸데없이
물을 위·아래로 마구 써버려
무슨소리야, 멍청해서가 아니라
"의리" 파라서 그래. 우리는 원래
살아도 같이 살고 죽어도 같이죽는 애들이야
너야 말로 잊었니?
우리는 원래 남들이 하는건 뭐든지 따라해야
직성이 풀리는 "물의 기"야

제7장 에필로그

'태양의 기'가
가장 많은 생명체는
'나비'와
'장미꽃 잎'이다.

극강의 '부드러움'과
극강의 '가벼움'은

태양 양기만이 줄 수 있는
아름다움이다.

그러니 만약에 '태양양인'이 존재할 수 있다면

피부는 장미꽃 잎처럼 부드럽고
몸집은 모든 체질들 중에서 가장 작을 것이며
몸놀림은 나비처럼 가벼울 것이다.

2부 각론

인간은 지구에 있는
물, 땅, 바람, 태양
네 가지 기를 매우 고르게 갖고 있는 생명체 중의 하나로
본인이 갖고 있는 네 가지 기 중에서
'물의 기'가 가장 많으면 ------- '물의음인'
'땅의 기'가 가장 많으면 ------- '땅의음인'
'바람의 기'가 가장 많으면 ----- '바람양인'
이라고 분류하고 정의하며

"이 분류와 정의는 모든 인간에게 해당한다."

이 분류를 기본으로 해서
각 각의 체질들을
다시 몇 개의 '파'로 나누어 고찰해봄으로써
좀 더 쉽고, 좀 더 깊이 있게
"인간을 이해해보고자 하는 것이"
이번 2부 각론 편의 주목적이라 할 수 있으며
이때 각 '파'를 나누는 기준과 특징들은 모두
'성인'을 기준으로 한 것이며

'외모'에 대한 설명은 특히
'한국인'을 기준으로 한 것이다.

1 단계

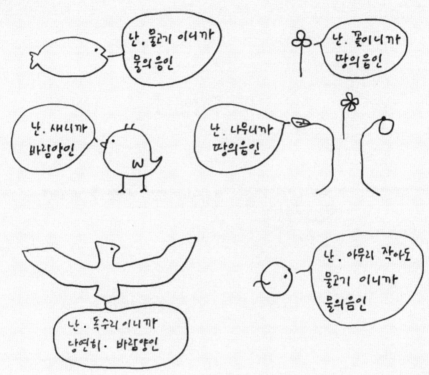

2 단계

— 물의음인 중 "큰 물고기 파"

— 물의음인 중 "작은 물고기 파"

— 땅의 음인 중 "꽃 파"

— 땅의 음인 중 "나무 파"

— 바람양인 중 "병아리 파"

— 바람양인 중 "독수리 파"

각 체질들을 다시 각 '파'로 나눌 때에는
두 가지 기준을 단계별로 적용시켜서 생각해야 한다.

➤ 첫 번째 단계이자 첫 번째 기준이 되는 것은

물의 기는 그 "크기"가 중요하기 때문에
　　　'물의 기의 크기로'

땅의 기는 그 "단단함"이 중요하기 때문에
　　　'땅의 기의 단단함의 차이로'

바람의 기는 그 "종류"가 중요하기 때문에
　　　'바람의 기의 종류에 따라서'

➤ 두 번째 단계이자 두 번째 기준이 되는 것은
　　　; 본인이 '두 번째로 많은 기'가
　　　　어떤 '기'인가에 따라서

위의 두 가지가 각 '파'를 결정하는 기준이 된다.

각 체질들을 각 '파'로 나눈 후

각 '파'를 대표하는 인물을 선정함에 있어서

가장 중요하게 생각한 것은

그 체질에서 나올 수 있는

'최상의 외모'를 갖고 있으면서

한국과 서양을 대표하는 인물의 외모가 최대한 비슷한 사람을
고름으로써 독자들이 이해하는 데 도움을 주고자 했다.

그렇기 때문에 각 '파'의 외모를 설명함에 있어서

그 설명과

그 '파'의 대표인물 사이에

괴리감이 있을 수 있겠으나

이 점은 감안하고 보아주기를 바란다.

제1장 휴먼코드 WAE: 물의음인

물의음인을 나눌 때 가장 중요한 것은 '기의 크기'이다.

'물의 기'의 가장 큰 특징은
같은 한 방울의 물일지라도

"그 크기가 커질수록 '힘과 기'도 커지기 때문이다."

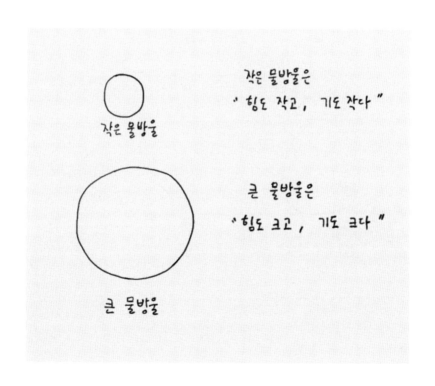

그렇기 때문에 물의음인들에게 있어서는
본인이 가지고 있는 '물방울 크기'의 차이에 의해서

"체격과 힘"에 차이가 있게 되고
이것은 결국 그 사람의 능력에도 영향을 미치게 된다.

키 160 cm 에 마른 체격
힘 : 없는편

작은 물방울

키 190 cm 에 건장한 체격
힘 : 매우 많음

큰 물방울

앞서 각 '파'를 나눌 때 두 번째 기준이 되는 것은
본인이 두 번째로 많이 가지고 있는 '기'에 따라서 라고 했으니

물의음인에게
두 번째로 많은 '기'는
'땅의 음기'이거나
'바람 양기'일 수밖에 없다.

결국 물의음인들을 나누는
첫 번째 기준은
'물방울의 크기'이고

두 번째 기준은
본인이 두 번째로 많이 가지고 있는 '기'가
'바람 양기'인가
'땅의 음기'인가에 있다.

이 두 가지 기준을 기본으로 하여 물의음인들은
다음에 나오는 도표와 같이
각각 '세 파'로 분류할 수 있으며

이 기준은 남, 여 모두에게서 동일하다.

▼ 물의음인 남자

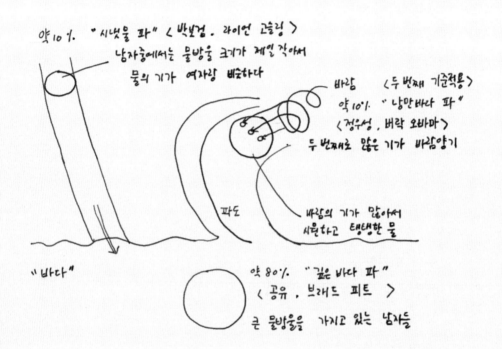

약 10%. "시냇물 파" 〈 박보검 . 라이언 고슬링 〉
남자중에서는 물방울 크기가 제일 작아서
물의 기가 여자랑 비슷하다

바람   〈두 번째 기준적용〉
약 10%. " 낭만바다 파 "
〈 정우성 , 버락 오바마 〉
두 번째로 많은 기가 바람양기

바람의 기가 많아서
시원하고 탱탱한 물

파도

"바다"

약 80%. " 깊은 바다 파 "
〈 공유 . 브래드 피트 〉
큰 물방울을 가지고 있는 남자들

〈두 번째 기준적용〉

약 10% "청춘 구름 파" 〈이영애, 니콜 키드먼〉
여자들 중에서 물의 기가 가장 작으면서도 바람의 기가 가장 많아서
하늘에 떠 있는 '물'

약 85% "한강 파"
〈박신혜, 앤 해서웨이〉
보통의 남자들 보다는 보통의 여자들의
물방울이 훨씬 작다 그래서
남자의 기가 '바다' 라면
여자의 기는 '강' 이다

강

바다

약 5% "당대한 사랑 파"
〈박세리, 오프라 윈프리〉
남자만큼 큰 물방울을 가지고 있는 여자들

물의음인 남자 "깊은 바다 파"

대표 인물; 한국 – 공유 (한국; 탤런트, 영화배우)

서양 – 브래드 피트 (미국; 영화배우)

Ⅰ 외모

인간이 가질 수 있는 물방울 중에서
가장 '큰 물방울'을 '가장 많이'
갖고 있을 수 있는 체질이기 때문에
'인류 중에서 가장 큰 사람은 반드시 이 체질에서 나온다.'

물, 땅, 바람, 태양 네 가지 기를
'고르게'
'가장 많이'
갖고 있을 수 있는 체질이기 때문에
'인류 중에서 가장 미남은 반드시 이 체질에서 나온다.'

얼굴과 두상이 동그랗고
피부가 두껍고 까무잡잡하다.
눈, 코, 입이 모두 다 큰 사람이 많고
우락부락하게 생긴 경우가 많다.
대부분은 목소리가 굵고 저음이다.

Ⅱ 특징

'깊은 바다 파'는 '물의 기' 다음으로
두 번째로 많은 기가 '땅의 기'인 사람들이다.

'물의 기'와 '땅의 기'를
모두 다 많이 갖고 있는 이 남자들의

'단점'은 고집이 징글맞게 센 것이고

가장 큰 '특징이자 장점'은
'물방울'이 커서
'힘'도 세고
'기'도 센 데다
'땅의 기'가 많기 때문에 '끈기'까지 좋다.

그렇기 때문에 본인이

'옳다고 생각하거나'

'하고 싶거나'

'반드시 해야 할' 일을

해내는 데에 있어서는 이 남자들이 최고다.

이건희	(한국; 기업인)
제프 베조스	(미국; 기업인)
베토벤	(독일; 작곡가)
정명훈	(한국; 지휘자)
싸이	(한국; 가수)
마이클 잭슨	(미국; 가수)
장하석	(한국; 대학교수)
아인슈타인	(독일; 물리학자)
에디슨	(미국; 발명가)
박찬호	(한국; 전 야구선수)
마이클 조던	(미국; 전 농구선수)
타이거 우즈	(미국; 골프선수)
백석	(한국; 시인)
베르나르 베르베르	(프랑스; 소설가)
김대중 대통령	(한국; 전 대통령)
간디	(인도; 정치인)

백남준   (한국; 비디오작가)

피카소   (스페인; 화가)

로뎅   (프랑스; 조각가)

봉준호   (한국; 영화감독)

쿠엔틴 타란티노   (미국; 영화감독, 시나리오작가)

백종원   (한국; 기업인, 요리연구가)

고든 램지   (영국; 요리연구가)

주영진   (한국; 방송기자)

나영석   (한국; PD)

그리고

송해 선생님까지.......

기업, 음악, 과학, 발명, 운동, 문학, 정치, 미술, 영화, 요리
그리고 올바른 전달과 유익한 오락에 이르기까지

인류의 역사는 언제나 이 남자들에 의해서 쓰여진다.

물의음인 남자 "낭만 바다 파"

대표 인물; 한국 – 정우성 (한국; 영화배우, 탤런트)

서양 – 버락 오바마 (미국; 정치인)

"하얀 거품이 있는 시원한 파도 같은 남자들이다 "

│ **외모**

'물의 기' 다음으로 두 번째로 많은 기가

'바람의 기'인 사람들이다.

바람의 기가 많기 때문에

카리스마가 있어 보이는데

'독하거나' '사나워' 보이기보다는

'멋있고'

'시원시원해' 보이는

카리스마를 가진 남자들이다.

땅의 기가 적기 때문에
피부가 무르고 약하며
땀을 잘 흘리고
피부가 희고 깨끗하다.
머리카락이 얇고, 머리숱이 적은 사람이 많다.
먹는 것에 비해 살이 잘 안 찌거나
호리호리한 사람이 많다.

Ⅱ 특징

'바람의 기'가 많은 덕에
'부지런하고' '맑은' 남자들이다.
장점으로는
'땅의 기가 적어서'
'화'가 별로 없고, 성격이 독하지 않고
물처럼 '유하고'
"친구를 좋아한다."

단점은
"친구를 좋아한다."
그리고 거진 손해를 본다.

산산이 부서져 돌아올 줄 알면서도
하늘을 향해 비상하는
파도처럼

이상을 향해 직진하는
청년의 용기와

푸른 바다의
'낭만'과

하얀 파도의
백색 영혼을 가진 남자들이다.

물의음인 남자 "시냇물 파"

대표 인물; 한국 - 박보검 (한국; 영화배우, 탤런트)

　　　　　서양 - 라이언 고슬링 (캐나다; 영화배우)

｜ 외모

물의음인 남자들 중에서는
물방울의 크기가 제일 작기 때문에
갖고 있을 수 있는 '물의 기'가 적어서
키가 매우 크거나
체격이 매우 큰 경우는 많지 않고
목소리가 아무리 좋아도
성량까지 매우 큰 경우는 드물다.
눈, 코, 입의 크기가 작거나
얼굴이 오밀조밀하게 보이는 경우가 많으며
몸이 날렵하다.

물, 땅, 바람, 태양
네 '기'의 비율이 좋기 때문에
지나치게 뚱뚱해지지 않고
잘 안 늙고
건강하고
장수하는 사람이 많다.

‖ 특징

물방울이 작기 때문에 얼굴만 오밀조밀 한 게 아니라
성격에서도 오밀조밀 한 면이 있기 때문에
남자들 중에서는 싹싹하고 눈치가 빠른 편이라서
사회생활을 매우 잘한다.
물방울이 작다고 해서
다른 물과 합쳐지기를 좋아하는 물의 본성마저 작은 것은 아니기
때문에 이 남자들도
다른 물들과 어울리는 것은 매우 좋아하고 잘한다.
다만 물 대비 땅의 '기' 크기가 크기 때문에
마치 땅의음인들처럼
남에게 간섭하거나
앞에 나서는 것은 싫어하는 성향이 강하다.

그래서 어떤 단체에 속해있을 때
대표를 하라면 싫어하면서도
살림살이를 맡기면 세상
그 누구보다도 잘해내는 남자들이다.

꼼꼼하고
빈틈없고
센스 있고
"절대로 손해 안 보면서도"

모든 사람들과 '소통'까지 잘할 수 있는
남자들이다.

물의음인 여자 "한강 파"

대표 인물; 한국 — 박신혜 (한국; 탤런트, 영화배우)

서양 – 앤 해서웨이 (미국; 영화배우)

물의음인 여자 중에서 약 85% 정도는 '한강 파'

Ⅰ 외모

'깊은 바다 파' 남자들에 비해서는
물방울의 크기가 "많이 작고"

두 번째로 많이 가지고 있는 '기'가
'땅의 기'인 여자들이다.

눈, 코, 입이 모두 크고
모공이 크고 피부가 두꺼운 사람이 많다.

손이 뭉툭한 사람이 많고
배와 엉덩이 부분에 살이 많고
먹는 것에 비해서 살이 잘 찌는 사람이 많다.

얼굴과 두상이 동그랗고
눈동자가 까맣고 순하면서도 깨끗하고
피부가 희고, 머리가 까맣고 숱이 많은 외모는

물, 땅, 바람, 태양 네 기의 '기의 조화'가
좋아야만 가질 수 있는 외모로
이런 외모를 가진 '한강 파' 여자는 반드시 미인이다.

Ⅱ 특징

잘 먹고, 잘 자고, 참하고,
인내심과 승부욕이 강하고
다산하는 여자들이다.
'다른 물과 합쳐지기를 좋아하는' 물의 본성으로 인해
타인과의 교제와 단체 생활을 잘하고 협동심이 강하다.
다만 본인이 속한 단체 내에서의 결속력을 더 다지기 위해서
다른 단체와는 편 가르기를 좋아하는 성향이 강하다.

'바다'가 거칠고 넓은
'세상' 같은 곳이라면
'강'은 평화롭고 푸근한
'고향' 같은 곳
'엄마'가 해주는
'밥' 먹고
실컷 늦잠 잘 수 있는 곳

풀 죽은 한 방울의 빗방울이어도
기세등등한 폭풍우이어도
상처투성이 오수이어도
다 받아주는
'한강'처럼

푸근하고 강하고
헤아릴 수 없는

'어머니의 사랑'을 가진 여자들이다.

물의음인 여자 "청순 구름 파"

대표 인물; 한국 - 이영애 (한국; 영화배우, 탤런트)

서양 - 니콜 키드먼 (미국; 영화배우)

"파란 하늘에 떠 있는 흰 구름 같은 여자들이다."

｜ 외모

물의 기 다음으로 두 번째로 많은 기가
'바람 양기'인 여자들이다.
'땅의 기가' '적기' 때문에
눈동자가 갈색을 띄고
머리카락이 얇고
머리숱이 적은 경우가 많다.
목소리는 맑고 청아하고
말투가 빠르지 않으면서도 명랑하다.

대부분은 얼굴과 두상이 작고
뼈가 가늘고 날씬한 사람이 많다.
피부가 희고 깨끗하다.
눈, 코, 입의 크기가 크지 않으면서도
이목구비가 또렷해서
섬세하고
정갈해 보이는 여자들이다.

∥ 특징

구름이 하늘에 떠 있으려면 두 가지 조건이 필요하다.
첫째, 물방울이 정말 작아야 하고
둘째, 몸속에 바람의 기가 많아야 한다.

물방울이 작아야 하니까 대부분은 매우 날씬하고
몸속에 바람의 기가 많으니까 '양기'는 좋고
'양기'가 좋으면서도 '순'한 여자들이다.
구름이 아무리 바람 따라서 그 위에까지 올라갔다 하더라도 구름은
'물'이지
'바람'이 아니다.
그렇기 때문에 이 여자들은 발랄하지만 사납지는 않다.

'바람'의 기는 사납지만
'물'의 기는 순하다.

그렇기 때문에
'청순 구름 파' 여자들은 우아하고 발랄하지만
그녀들의 발랄함에는 반드시
'조신함'이 묻어난다.

파란 하늘에 떠 있는 흰 구름처럼
가볍고
깨끗하고
폭신폭신하고
우아하고
아름다운 여자들이다.

물의음인 여자 "담대한 사랑 파"

대표 인물; 한국 – 박세리 (한국; 전 골프선수)

서양 – 오프라 윈프리 (미국; 방송인)

┃ 외모

'시냇물 파' 남자들이 여자만큼 작은 물방울을 가졌다면

이 여자들은 반대로 '깊은 바다 파' 남자들만큼 큰 물방울을 가진

여자들이다.

그러나 아무리 물방울의 크기가 같다고 해도

'담대한 사랑 파'에서 키가 제일 큰 여자가

'깊은 바다 파'에서 키가 제일 큰 남자만큼

큰 여자는 없다.

그 이유는 세상의 모든 여자는 세상의 모든 남자 보다

'땅의 기'가 많아야

여자일 수 있기 때문이다.

그러니까 아무리 체질이 같고 물방울 크기가 같고 모든 것이 같다고
해도 여자는 남자보다는 '땅의 기가 많아야만 하고'
그렇기 때문에 남사보나는 체격이 작을 수밖에 없다.
이런 이유로 '담대한 사랑 파' 여자들의 외모는
'한강 파' 여자들의 외모와 거의 비슷하다고 보면 되는데

평균적으로는 '한강 파' 여자들에 비해서
체격이 좀 더 큰 경우가 많다.

Ⅱ 특징

남자들은 물방울 크기가 커질수록 자신이 '대장'을 하려는 성향이
강하다면, 여자들은 물방울 크기가 커질수록 남에게 잘해주려는
성향이 강해진다.
그래서 하다못해 '동네 반장'이라도 해서
집집마다 돌아다니며 남의 집 사정 다 들어주고,
먹을 것 주고, 마음 주고,
자기 것 다 줘야 직성이 풀리는

따뜻한 온천수처럼 편안하고 마음이 아름다운
참으로 근사한 여자들이다.

먼저 사랑을 베풀 줄 아는
너그러운 마음을 가진 여자들이다.

먼저 사랑을 하는 이유가
자신의 신념 때문이든
자신의 꿈 때문이든
자신의 사랑 때문이든
아니면 그도 저도 아닌
어쩌다 보니 그렇게 된 경우이든

그녀들의 사랑은
'담대하고'

조급함이 없다.

제2장 휴먼코드 EAE: 땅의음인

땅의음인을 나눌 때 가장 중요한 것은 '기의 단단함'이다.
땅의 기는 단단할수록 기의 크기가 커지기 때문이다.

땅의 기가 가장 '단단할 때'는
땅의 기가
땅의 기
'그 자체로'만 있을 때가 가장 단단하다.

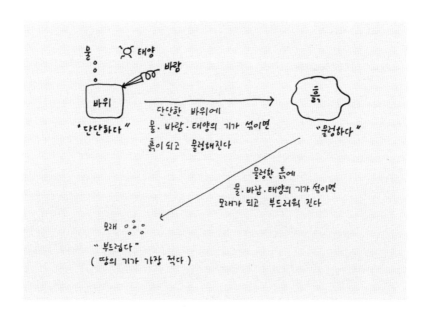

이러한 기준으로 땅의음인은 각 '두 파'로 분류할 수 있다.

첫째: 가지고 있는 땅의 기가 단단해서
      본인이 가지고 있는 몸 안, 밖의
      모든 '피부'도 단단하고
      땅의 기도 큰 사람

둘째: 가지고 있는 땅의 기가 덜 단단해서
      본인이 가지고 있는 몸 안, 밖의
      모든 '피부'도 덜 단단하고
      땅의 기도 작은 사람

이 기준은 남, 여 모두에게서 동일하다.

땅의음인 남자 "4월 벚꽃 파"

대표 인물; 한국 – 현빈 (한국; 영화배우, 텔런트)

서양 – 티모시 살라메 (미국; 영화배우)

ᛁ 외모

본인이 가지고 있는 땅의 기가 단단해서 땅의 기가 '큰' 남자들이다.

남자들 중에서는 유일하게

여자만큼 땅의 기가 많기 때문에

'꽃'처럼 예쁠 수 있는 유일한 남자들이다.

대부분은 체격이 작고

매우 말랐다고 느껴질 정도로 날씬하지만

뼈가 굵어서 몸무게도 많이 나가고

종아리와 다리가 굵어서

보기보다는 훨씬 튼튼하고 건강하며

장수하는 남자들이다.

말투가 느리면서 조용하고

피부가 까무잡잡하고

눈동자가 까맣고

눈, 코, 입이 오밀조밀하게 생겼으며

이 세상 모든 남자들의 로망인 100세까지

'숱 많은 머리'를 가질 수 있는 남자들이다.

‖ 특징

남에게 절대로 '피해'를 입히지 않으려는 마음이 강해서

'약속을 잘 지키며'

'규칙'을 잘 지키는 남자들이다.

'숫기가 없고'

'말수가 적어서'

처음 본 사람이나 다수의 사람들과 친해지는 데에는

시간이 좀 걸리지만

한 번 친해진 사람과의 친분은 평생을 유지하는 경우가 많다.

이는 '주의력'과

'눈썰미'가 좋아서

상대방의 기분이나 상태를 잘 파악하고

남을 이해하고 배려하는 마음이 강하기 때문이다.

눈물이 많고
유아적인 입맛에
매우 섬세한 감수성을 가진 반면
자존심이 강하고
자기 관리 능력이 뛰어난 '반전 매력'을 가진 남자들이다.

천 년을 사는 나무의 뿌리처럼
튼튼한 두 다리와

4월의 벚꽃 같은
여린 마음과

소년의 눈빛을 가진 남자들이다.

땅의음인 남자 "대나무 파"

대표 인물; 한국 – 박서준 (한국; 탤런트, 영화배우)

서양 – 퍼렐 윌리엄스 (미국; 가수)

| **외모**

가지고 있는 땅의 기가 '덜 단단한' 남자들이다.

땅의음인의 땅의 기가 '덜 단단한' 이유는
땅의 기가 '단단한' 사람들에 비해서
'피부'와 '몸'에
'물의 기'가 더 많기 때문으로
'4월 벚꽃 파' 남자들에 비해서는
피부가 희고
종아리가 얇고
키가 더 큰 사람이 많다.

세상에 '뚱뚱한 나무'는 없듯이, 땅의음인들은 남, 여 모두가
뚱뚱하다고 느껴질 정도로 살이 찌는 경우는 거의 없는데,
그중에서도 특히 이 '대나무 파' 그룹에는 한국 개그맨 '이윤석'이나
비틀즈의 '존 레논'처럼 키가 매우 크면서도 살이 거의 없어서 마치
'대나무'처럼 보이는 체격을 가진 사람이 간혹 있다.
그러나 모든 땅의음인들이 그러하듯
대부분은 체격이 작고, 키가 작은 사람이 많다.

Ⅱ 특징

'지는 것이 이기는 것이다'

참으로 멋지지만
실천하기는 어려운 이 말을
가장 잘 실천하면서 살 수 있는 남자들이다.
물의 기가 적으니 욕심이 없고
바람의 기가 적으니 사납지 않고
땅의음인 이면서도 땅의 기가 적기 때문에 '고집'이 세지 않아서
성격이 온순하고
염치가 있고
겸손하다.

부러지는 '강함'보다는
휘어지는 '유함'을 택함으로써

'부드러운 강함'을 가진 대나무처럼

무겁지 않고
독하지 않으면서도
'강한 미소'를 잃지 않는

'눈웃음'이 아름다운 남자들이다.

땅의음인 여자 "목화솜 파"

대표 인물; 한국 – 최지우 (한국; 영화배우, 탤런트)

　　　　　서양 – 기네스 펠트로 (미국; 영화배우)

｜ **외모**

본인이 가지고 있는 땅의 기가 단단해서 '땅의 기가 큰' 여자들이다.

대부분은 체격이 작고

매우 말랐거나 날씬하다.

마른 것에 비해서는

엉덩이에 살이 많고, 종아리가 굵고, 뼈가 굵어서

몸무게가 많이 나가는데

그 이유는 이 여자들이 세상 그 누구보다도

'땅의 기가 많기 때문으로'

이 여자들을 매우 건강하고

장수하게 하는 비결이기도 하다.

머리숱이 많고

피부가 까맣거나 까무잡잡하다.

어깨와 가슴이 매우 빈약하고, 팔이 가늘다.

얼굴은 납작하면서

좀 크거나 매우 길어 보이는 경우가 많다.

눈, 코, 입이 오밀조밀하게 생겼고

눈이 까맣다.

‖ 특징

가지고 있는 '땅의 기가 단단해서'

모든 인류 중에서 '땅의 기'를 '가장 많이' 가지고 있는 여자들이다.

가장 '여성스러운 기'를 가졌기 때문에

이성에게 인기가 많고

아이를 잘 낳고 모성애가 강하다.

'장미꽃'처럼 예쁠 수 있는 '기'를 가졌음에도 불구하고

앞에 나서는 것을 싫어하고

절약 정신이 매우 강해서

꽃처럼 화려하기보다는

'목화솜'처럼 조용하고

'담담한' 아름다움을 가진 여자들이다.

'목화솜'의 아름다움이
언제나 따뜻하고
변하지 않는
유용함에 있듯이

언제나
편안하고
따뜻한 사랑과

가장 오랫동안 변하지 않는
'외모'와
'건강'을 가질 수 있는 여자들이다.

땅의음인 여자 "안개꽃 파"

대표 인물; 한국 – 이요원 (한국; 영화배우, 탤런트)

│ 외모

가지고 있는 '땅의 기가 덜 단단한' 체질이기 때문에
'목화솜 파'에 비해서는 피부에 '물의 기'가 더 많다.
그렇기 때문에 '목화솜 파'에 비해서
키가 더 큰 사람이 있을 수는 있으나.
살집이 더 많은 사람은 거의 없다.

피부가 희고
뼈가 얇고
종아리가 얇고
다리가 얇고
얼굴이 작고 동그랗다.

머리숱이 많고
어깨와 가슴이 빈약하고
팔이 가늘다.
목소리가 작고
눈에 정기가 없고
매우 얌전하다.

Ⅱ 특징

땅의음인 이면서도
땅의 기가 작은 체질이기 때문에
모든 인간 중에서
가장 '기'가 약한 사람들이다.

체격이 작고
기운이 없고
조용해서
쉽게 눈에 띨 것 같지 않지만
너무도 가녀린 몸과
청순한 얼굴 때문에
오히려 눈에 잘 띄는 여자들이다.

아무리 화려하고 큰 꽃들 속에서도
예쁠 수 있는

그토록 작고 흰
안개꽃처럼

누구를 만나도
자신의 의견을 내세우지 않고
상대방의 의견을 따라주기에

누구나 좋아하며
누구와도 잘 지내는

'안개꽃' 같은 여자들이다.

제3장 휴먼코드 WIE: 바람양인

바람양인은 본인이 많이 가지고 있는 '음기'의 종류에 따라서
본인의 '몸' 안에서 그 본성과 특징이 매우 다르게 나타나게 된다.

'물의 음기'를 많이 가지고 있으면 ---〉 '시원한 바람'으로
'땅의 음기'를 많이 가지고 있으면 ---〉 '뜨거운 바람' 또는 '불'로

그래서 바람양인은 본인이 많이 가지고 있는 '음기'의 종류에 따라서
남자는 '두 파'
여자는 '세 파'로 분류하였다.

남자;
    '땅의 음기'를 많이 가지고 있으면 ---〉 '혁명 바람 파'
    '물의 음기'를 많이 가지고 있으면 ---〉 '위대한 소리 파'
여자;
    '땅의 음기'를 많이 가지고 있으면 ---〉 '불꽃 바람 파'
    '땅의 음기와 물의 음기'를 거의 비슷하게 가지고 있으면
                            ---〉 '뜨거운 얼음 파'
    '물의 음기'를 많이 가지고 있으면 ---〉 '첫눈 바람 파'

바람양인 남자 "혁명 바람 파"

대표 인물; 한국 – 이병헌 (한국; 영화배우, 탤런트)

서양 – 블라디미르 푸틴 (러시아; 정치인)

'혁명적 눈빛'과
'혁명적 생각'을 갖고 태어난 남자들이다.

| 외모

본인이 많이 가지고 있는 음기가 '땅의 음기'이기 때문에
얼핏 보면 마치 땅의음인 남자들처럼 체격이 작은 경우가 많으나
이 남자들은 체격이 아무리 작아도
목덜미가 굵고
어깨가 넓고
팔 힘이 좋아서
절대로 '약'하거나 '만만해' 보이지 않는다.

또한 '저음'으로 '천천히' 말을 하면서도
'큰 목소리'를 낼 수 있는 능력은
이 남자들을 매우 카리스마 있어 보이게 할 뿐 아니라
이 남자들 최대의 매력이기도 하다.

만약에 인간이 체격이 매우 작음에도 불구하고
새처럼 팔 힘이 좋고
독수리처럼 강력한 카리스마를 가질 수 있다면
그것은 오직 이 체질에서만 가능하다.

Ⅱ 특징

산업혁명, 가격혁명, 디자인혁명......
언제부터인가 '혁명'이란 단어는 정치적 의미를 벗어나 무엇인가
새롭고 진취적이며 조금은 과격한 어떤 현상을 일컫는 단어로
사용되어지고 있음이 분명하다.
그런 의미에서 볼 때 모든 체질들 중에서 그 수가 가장 적기 때문에
좀 특이하거나 새롭게 보일 수밖에 없는 데다가 바람양인 특유의
진취적이며 과격한 본성을 가지고 있는 이 남자들은 그 존재 자체가
혁명적이다.
헌데 '혁명적' 존재라는 것이 꼭 좋은 것일까?

그거야말로 당사자들만이 알 수 있는 문제이다.
다만 한 가지 분명한 것은
만약에 당신이 '혁명 바람 파' 남자인데
대중의 관심을 받는 직업을 갖고 싶다면
당신은 무조건 성공한다.

감성적이면서도 불같은 성격과
신중하고 철두철미하면서도
남의 눈치는 절대로 보지 않는
'과격함에'

당신의 두 눈에 있는
독수리 같은 카리스마가

당신이 원하는 모든 것을
당신에게 줄 것이다.

바람양인 남자 "위대한 소리 파"

대표 인물; 한국 - 강호동 (한국; MC, 개그맨)

　　　　서양 - 루치아노 파바로티 (이탈리아; 성악가)

｜ **외모**

본인이 많이 가지고 있는 음기가 '물의 음기'이기 때문에
본인이 가지고 있는 물의 기의 크기에 따라서
체격이 크기도 하고 작기도 하다.
얼굴이 동그랗고
사람들과도 둥글둥글 잘 어울리며 사회생활도 잘하고
얼핏 보면 '물의음인' 남자들처럼 보여지기도 한다.
그러나 이 남자들은 바람양인이기 때문에 어깨가 반드시 넓다.
'물의음인' 남자들은 살이 찌면 어깨보다 배가 더 나오지만
'바람양인'남자들은 아무리 살이 쪄도 어깨보다 배가 더 나오는
경우는 거의 없다.

목소리가 크고 하이톤이면서
말할 때 목소리가 떨리듯이 나오는 사람이 많고
말투는 반드시 빠르다.
피부가 얇고
눈, 코, 입의 선이 매우 날카롭고 깨끗하며
눈빛이 맹수처럼 무섭고
'눈에는 반드시 차가운 카리스마가 있다.'

‖ 특징

모든 인류 중에서 양기가 '가장 많기' 때문에
힘이 '가장 세고'
땅의 음기가 '가장 적기' 때문에
가장 여성성이 적은
'남자 중의 남자' 상남자들이다.

본인이 많이 가지고 있는 음기가 '물의 음기'이기 때문에
앞서 '혁명 바람 파' 남자들에 비해서
바람 양기를 몸속에 훨씬 더 많이 가지고 있을 수 있기 때문에
목소리 또한
'인간이 낼 수 있는 가장 큰 소리를 낼 수 있는 남자들이다.'

결국 같은 '위대한 소리 파' 남자들 간의 대결이 아니고서는

그 어떤 체질의 사람도

'힘'이나

'소리'로는

이 남자들을 이길 수 없다는 얘기이다.

만약에 인간의 목소리가

천둥처럼 크면서도

악기처럼

아름다운 소리를 낼 수 있어서

그것이 마치

천상의 소리처럼 들릴 수 있다면

그것은 오직

이 체질에서만 가능하다.

바람양인 여자 "불꽃 바람 파"

대표 인물; 한국 - 전지현 (한국; 영화배우)

　　　　　서양 - 안젤리나 졸리 (미국; 영화배우, 영화감독)

│ 외모

본인이 많이 가지고 있는 기가 '땅의 음기'이기 때문에

대부분은 체격이 작고
피부가 까무잡잡하고
날씬하다.

어깨가 적당히 넓고
가슴이 풍만하고
허리가 잘록하고
다리가 길고 날씬하면서도 매우 튼실하다.

몸에 불이 많기 때문에
피부에도 열이 많아서
피부가 늘 건조하고
상처가 나면 잘 안 아물고 흉이 잘 생긴다.
말투가 빠르고
말을 잘한다.

눈이 아무리 작아도
눈에서 빛이 나고

'눈에는 반드시 불이 있다.'

Ⅱ 특징

본인이 많이 가지고 있는 기가 '땅의 음기'이기 때문에
모든 인류 중에서
'불(화)'이 제일 많고
'여성스러운 기'를 많이 갖고 있는 여자들이다.
몸 안에 불이 많으니 당연히
성격이 불같고 화를 잘 내지만
이 여자들의 '화'는 그리 오래는 안 간다.

불의를 보면 못 참는 성격 때문에
싸움도 잘하고
때로는 본의 아니게 '적'도 많이 만들기도 하지만
부당함에는 반드시 큰 소리를 내는
'과격한 용감함'은
아무나 가질 수 없는
이 여자들만의 장점이자 단점이자
'매력이다.'

밤하늘의 불꽃처럼
요란하면서도
화려해서

한 번 보면
절대로 잊혀지지 않을 만큼 강렬하게 각인되는
아름다움을 가진 여자들이다.

바람양인 여자 "뜨거운 얼음 파"

대표 인물; 한국 – 제니 (블랙핑크) (한국; 가수)

서양 – 지지 하디드 (미국; 모델)

⏐ **외모**

땅의 음기와 물의 음기를 비슷하게 가지고 있는 여자들이다.

얼굴과 두상이 동그랗고
눈매가 위로 올라간 듯 날카롭게 보이는 경우가 많다.
말투가 빠르고
목소리가 높고 명랑하고
웃음이 많다.
이목구비의 비율이 매우 좋고
피부가 희고
얇다.

어깨가 넓고
가슴과 엉덩이가 풍만하고
각선미가 좋다.
그중에서도 특히 눈이 크고 예쁘면서도
눈에 정기가 좋아서 반짝반짝 빛이 난다.
현대적 관점에서 말하는 '미인'의 조건을 가장 많이 갖고 있는
여자들이다.

Ⅱ 특징

본인의 몸 안에 물의 음기와 땅의 음기를 모두 다 많이 가지고 있기
때문에
"때로는 얼음처럼 냉정하다가도 때로는 불처럼 정열적인" 여자들
이다.

물, 땅, 바람, 태양의 기를
가장 많이 갖고 있을 수 있는 체질이기 때문에
여자들 중에서는 가장
'기'도 크고
'힘'도 세고
'목소리'도 크고
'건강' 또한 매우 좋은 여자들이다.

다만 바람양인 특유의 덜렁댐과 급한 성격이 있어서
잘 넘어지거나 부딪히는 사고를 내기도 하지만
그것이 오히려 다양한 모습과 매력을 필요로 하는
예술 쪽 일을 하는 경우에는

천부적인 사교성과 솔직함 그리고
'화려한 외모'와 어우러져서
'빛'과
'소리'가
날 수밖에 없기에

자신의 분야에서 당당히
'여왕'의
자리를 차지하는 여자들이다.

바람양인 여자 "첫눈 바람 파"

대표 인물; 한국 – 김희애 (한국; 탤런트, 영화배우)
　　　　　서양 – 메릴 스트립 (미국; 영화배우)

┃ 외모

피부가 희고, 얇고
건조하다.
말이 빠르고
말을 잘한다.
눈, 코, 입의 선이 매우 가늘고 날카롭다.

어깨가 넓고 가슴이 발달해서 체격이 아무리 작아도
허약해 보이거나 빈약해 보이지 않는다.

눈이 아무리 작아도 '눈에서 빛이 난다.'

조용하고 얌전한 듯 보이나
'기'가 좋아서
웬만해서는 남에게 지는 법이 없고 매우 야무지고 자기주장이 강하다.

바람양인들은
남, 여 모두
과격하면 과격한 대로
조용하면 조용한대로
반드시 자기주장이 강하다.

‖ 특징

'뜨거운 바람'이 정열적이고 예술적 성향이 강하다면
'시원한 바람'은 이성적이고 정치적 성향이 강하다.
언 듯 생각하면 '불꽃 바람 파'나 '뜨거운 얼음 파' 여자들이 성격도
불같고 싸움도 잘하니까 정치를 하면 더 잘할 것 같지만 어떠한
경우에도 웬만해서는 흥분하지 않고 '화'를 잘 참으면서도 '기'는 매우
센 '첫눈 바람 파' 여자들이 "협상에는 훨씬 더 강하다."

근대 역사상 가장 유명하면서도 유능했던 '대처 수상'은
'첫눈 바람 파' 여자이다.

세상의 거의 모든 정치인은 물의음인 '깊은 바다 파' 남자들
물이 '불'을 만나면
물도 같이 '끓어 넘치지만'

물이 '시원한 바람'을 만나면
물도 같이 '시원해진다.'

'마음은 뜨겁고 머리는 차가우면서'
'작지만 강하고'
눈에는 반드시 시원한 카리스마가 있어

마치 첫눈처럼

차갑지만
거부할 수 없는 매력이 있는 여자들이다.